WESTEND

Für Anke,
die dieses Buch von Herzen gern
mitgeplant und bereichert hätte.
Sie kann es nicht.
Ihr Wunsch hat mich beflügelt.
Sie mochte Willy Brandt. Wie auch ich.
Das bleibt in diesem Text nicht verborgen.

© privat

Albrecht Müller, geboren 1938, ist Volkswirt, Publizist
und Politiker. Müller war Wahlkampfmanager von Willy Brandt
und Planungschef im Bundeskanzleramt unter den Bundeskanzlern
Brandt und Schmidt. Von 1987 bis 1994 war er für die
SPD Mitglied des Deutschen Bundestages und ist seither als
Autor und Herausgeber von www.nachdenkseiten.de tätig.

Albrecht Müller

BRANDT AKTUELL

Treibjagd auf einen Hoffnungsträger

WESTEND

Mehr über unsere Autoren und Bücher:
www.westendverlag.de

Die Deutsche Nationalbibliothek verzeichnet diese
Publikation in der Deutschen Nationalbibliografie;
detaillierte bibliografische Daten sind im Internet über
http://dnb.d-nb.de abrufbar.

ISBN 978-3-86489-064-2
© Westend Verlag GmbH, Frankfurt/Main 2013
Umschlaggestaltung: Buchgut, Berlin
Umschlagabbildung: Harry Walter
Satz: Publikations Atelier, Dreieich
Druck und Bindung: CPI – Clausen & Bosse, Leck
Printed in Germany

Inhalt

Warum dieses Buch?   7

Ein Jahrhundertpolitiker   11

Von der Kurpfalz über München nach Bonn   21

Parteifreunde und andere Feinde   29

Schicksalsjahr 72 – Triumph und Niedergang   32

»Die wollen gar nicht gewinnen«   36

Ein harter Kampf – für Brandt und die SPD   42

Ein totgeschwiegener Putschversuch   46

Der eine sät, die anderen ernten   51

Der ungeliebte Konkurrent   57

Wehner, der illoyale Machtmensch   63

Schmidt, die Führungspersönlichkeit   71

Üble Nachrede   78

Totschlagargument Depression   82

Brandt, der Teilkanzler?   88

Erfolglos im Inneren?   97

Mythos Linksruck   102

Das wahre Erbe Willy Brandts   112

    Politisierung   112

    Mehr Demokratie wagen   114

    Brandt, der gute Deutsche   119

    »Nicht der Krieg, der Frieden ist der Vater
aller Dinge«   121

    Gegen den Herrschaftsanspruch der
finanzstarken Oberschicht   123

    Solidarität statt Egoismus   127

    Der Integrator   130

    Die prägende Kraft des guten Vorbildes   130

Anmerkungen   132

Literatur   134

Dokumentation   136

    1. Die Planung des Wahlkampfes 1972   137

    2. Der Putschversuch des Großen Geldes
mit unzähligen anonymen Anzeigen   145

    Danke vielmals   157

    Zum Umschlagfoto und zum Fotografen   158

Warum dieses Buch?

Es war Rut Brandt, die den letzten Anstoß dazu gegeben hat, dieses Buch zu schreiben. Nils Johannisson, früher einmal Artdirektor der Werbeagentur ARE, hatte sie und ihren Lebensgefährten Niels Norlund im Juni 1998 in Norwegen besucht. Als Gastgeschenk brachte er mein Buch *Willy wählen 72* mit. Er selbst war 1972 mit mir zusammen am Wahlkampf der SPD beteiligt gewesen und hatte auch das Buch gestaltet. Am nächsten Morgen berichtete Rut Brandt, sie habe die halbe Nacht mit der Lektüre zugebracht. An den abgedruckten Dokumenten könne man sehen, wie sehr Willy einer regelrechten »Treibjagd« ausgesetzt gewesen sei.

Die Treibjagd hatten seine politischen Gegner zu verantworten: die »Offenen« der Union, aber auch die mit ihnen sympathisierenden rechtsnationalen Kräfte aus Industrie und Wirtschaft, die viel Geld in die Hand nahmen, um den amtierenden Kanzler Brandt zu diskreditieren. Was bis heute vielen an Geschichte und Gegenwart Interessierten nicht bewusst ist: Auch innerhalb der SPD wurde gegen Brandt agitiert – wesentlich verdeckter zwar, aber deshalb nicht folgenlos.

Am 18. Dezember 2013 wäre Willy Brandt 100 Jahre alt geworden. Eine Reihe weiterer Bücher, Filme und Hörfunksendungen über Brandt erscheinen. Dabei wird immer wieder auch über das Verhältnis von Brandt, Schmidt und Wehner spekuliert, der damaligen »Troika«. Doch die Demontage Brandts in seiner eigenen Partei und in der veröffentlichten Meinung wird nirgends so gewertet, wie man sie meiner Meinung nach werten müsste: als eine von Interessen geleitete Attacke mit – vornehm ausgedrückt – sehr fragwürdigen Methoden.

Die meisten Sozialdemokraten haben das nicht bemerkt. Es liegt jenseits ihrer Vorstellungswelt, dass sich die Führungsriege der Partei, also der Vorsitzende und seine Stellvertreter, nicht gegenseitig stützen und Erfolg wünschen, sondern Misserfolge geradezu planen. Auch ich gehörte zu den »naiven« Sozialdemokraten, die dachten, die Konkurrenz des Spitzenpersonals sollte Grenzen kennen.

Wenn sich politische Gegner außerhalb der eigenen Partei mit Gegnern in der eigenen Partei verbünden und dieser Verbund auch noch von einflussreichen Medien und Wirtschaftsinteressen gestützt wird, dann hat der betroffene Politiker keine Chance. Das gilt immer noch. Die Analyse der Treibjagd auf Willy Brandt ist in Variation anwendbar auf den Umgang mit anderen Personen: auf den Umgang mit Andrea Ypsilanti, Norbert Blüm, Oskar Lafontaine, sogar Kurt Beck.

Bis heute erfahre ich, dass Autoren und Historiker diese von mir so erlebte und empfundene Treibjagd gegen den ersten SPD-Bundeskanzler nicht als solche erkennen wollen, vielleicht auch nur nicht erkennen können. Im Gegenteil: Selbst Willy Brandt wohlgesonnene Biographen tragen die Vor- und Fehlurteile, die damals gegen ihn lanciert wurden, weiter und verstellen damit den Blick auf sein politisches Vermächtnis. Man merkt an der Geschichtsschreibung zu Willy Brandt, dass er schon lange tot ist und man ihm deshalb leichter Unrecht tun kann. Auch manche Freunde des ehemaligen SPD-Vorsitzenden und Bundeskanzlers sind müde geworden, immer wieder gegen die gängig gewordenen Klischees und Vorurteile anzurennen: zum Beispiel den konstruierten Gegensatz zwischen dem »Träumer« Willy Brandt und dem »Macher« Helmut Schmidt.

Das ist schade, denn aus der Kanzlerschaft Brandts ließe sich für uns Heutige viel lernen. Sie fiel zusammen mit politischem Aufbruch und Protest, und zugleich mit einer großen Zufriedenheit mit dem politischen Leben, und im Übrigen auch mit den wirtschaftlichen und sozialen Perspektiven für Menschen, die bis dahin nicht auf der Sonnenseite lebten. Sehr viele Menschen interessierten sich für das politische Geschehen und beteiligten sich. Es war eine Zeit der Veränderungen und der Reformen im guten Sinne des Wortes – zu Gunsten der Mehrheit der Menschen.

Willy Brandt war ein Glücksfall für unser Land und für seinen Politikbetrieb.

Sein Umgang mit den Menschen, seine Toleranz und Liberalität, sein Engagement für Versöhnung und Frieden im Innern und nach außen könnten wichtige Markierungen des Weges sein, den wir heute sinnvollerweise gehen könnten und sollten. Schon ein paar wenige seiner Slogans sagen viel aus: »Wir wollen ein Volk der guten Nachbarn sein.« »Mehr Demokratie wagen.« »Wer morgen sicher leben will, muss heute für Reformen kämpfen.«

Aber auch von Brandts strategischen Fähigkeiten und seiner praktischen Politik könnten wir viel lernen, wenn wir wollten.

Zum Beispiel könnten wir lernen, dass auf Egoismus und Spaltung und rigoroser Wahrnehmung der Interessen der Oberschicht eine gute und friedliche Gesellschaft nicht aufgebaut werden kann. Solidarität ist ungemein wichtig. Willy Brandt wusste das und warb dafür, diesen Grundwert ernst zu nehmen. Er wusste auch, dass man Menschen diese Solidarität zumuten kann. Wirtschaft nahm er ernst. Aber er erkannte, dass wirtschaftliche Kompetenz und Wohlstand nicht das Einzige sind, auf das Menschen Wert legen.

Zum Beispiel könnten wir lernen, dass man in der Politik strategisch denken muss. Die Entspannungspolitik gründete auf einem langfristig angelegten Politikentwurf. Wo ist das heute? Strategisch denken und planen können heute offenbar nur noch die neoliberalen Ideologen.

Selbst eingefleischte Brandt-Gegner haben in den sechziger und siebziger Jahren gespürt, welch ein grandioser Vorteil und eine Ehre es für einen Deutschen war, von einem Politiker repräsentiert zu werden, der quasi überall respektiert und sogar gemocht wurde. Und wie sieht das heute aus? Bei Angela Merkel?

Mir war vergönnt, einige Zeit eng mit ihm zusammen und für ihn zu arbeiten. Ich war schon aus professionellen Gründen gezwungen zu beobachten, mit welchen Methoden und welchen Parolen gegen ihn gearbeitet wurde. Ich musste damals aus beruflichen Gründen – ich war zunächst verantwortlich für die Öffentlichkeitsarbeit und den Wahlkampf Willy Brandts und dann Leiter der Planungsabteilung im Kanzleramt – die Vorwürfe analysieren und widerlegen, mit denen er immer wieder konfrontiert war.

Über Willy Brandt und seine Arbeit werden viele Märchen erzählt: Er sei ein Träumer gewesen und kein Macher. Intensive Schreibtischarbeit habe er vermieden. Die Träger und Macher der üblen Nachrede kannten keine Schamgrenze. Er sei psychisch labil gewesen, depressiv, ja vielleicht sogar Alkoholiker. Er sei allein ein »Außen«-Kanzler gewesen und habe von Wirtschaft und von Innenpolitik wenig verstanden. Die Liste ließe sich fortsetzen.

Natürlich war Brandt auch Projektionsfläche für Hoffnungen, die er vielleicht nicht bedienen konnte. Aber auch diesen Status muss man sich erst einmal erwerben.

Ein Jahrhundertpolitiker

Willy Brandt wurde am 18. Dezember 1913 in Lübeck geboren. Er hieß damals Herbert Frahm und war ein uneheliches Kind seiner Mutter Martha. Den Namen Willy Brandt nutzte er in den dreißiger Jahren im norwegischen Asyl und nahm ihn dann nach dem Krieg in Berlin als offiziellen Namen an. Dies alles ist hier nur erwähnenswert, weil seine uneheliche Geburt in der politischen Auseinandersetzung von rechten konservativen Kreisen und der CDU/CSU immer wieder für persönliche Angriffe genutzt wurde.

Der junge Frahm erlebte in seiner Kindheit und Jugend die Deklassierung der Arbeiterschaft in der deutschen Gesellschaft. Er wurde früh politisch aktiv, in der SPD und in einer Linksabspaltung, der Sozialistischen Arbeiterpartei Deutschlands (SAPD). 1933 emigrierte er nach Norwegen und weiter nach Schweden. Auch dies ist erwähnenswert, weil die Emigration vor den Nazis in rechtskonservativen und nationalen Kreisen auch in den späteren Auseinandersetzungen nicht als Ehrenzeichen, sondern als Makel gewertet wurde. So waren die Zeiten nach 1945.

Dreizehn Jahre lebte er in der Emigration, zeitweise mit fremder Identität in Berlin und dann auch im Bürgerkriegsspanien. In dieser Zeit stand er lebensgefährliche Situationen durch. Bei Kriegsende musste der dann 32-jährige Willy Brandt feststellen, dass viele seiner Freunde die nationalsozialistische Schreckensherrschaft und den Krieg nicht überlebt hatten. Da wird man auch später keine rheinische Frohnatur, selbst wenn

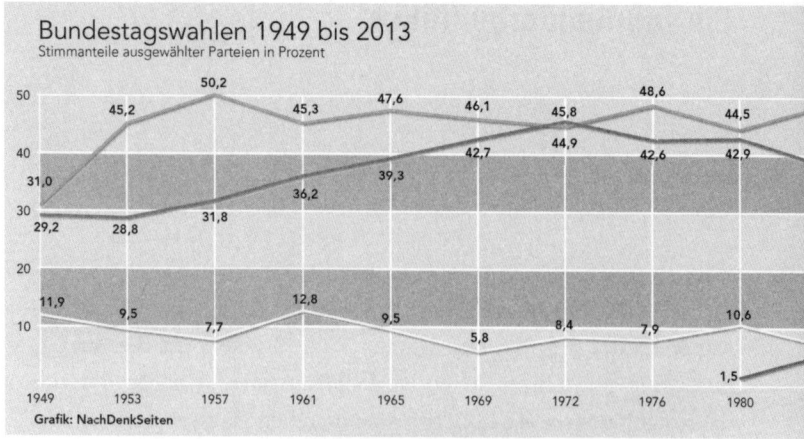

Bundestagswahlen 1949 bis 2013
Stimmanteile ausgewählter Parteien in Prozent

1949	1953	1957	1961	1965	1969	1972	1976	1980

50,2
45,2 · 45,3 · 47,6 · 46,1 · 45,8 · 48,6 · 44,5
42,7 · 44,9 · 42,6 · 42,9
31,0 · 39,3
29,2 · 28,8 · 31,8 · 36,2
11,9 · 9,5 · 7,7 · 12,8 · 9,5 · 5,8 · 8,4 · 7,9 · 10,6
1,5

Grafik: NachDenkSeiten

man wie Willy Brandt ein großes Stück Lebensfreude in sich trägt. Und es ist verständlich, dass ein Mensch mit diesen harten Erfahrungen auch einmal den Kabinettstisch verlässt, wenn dort – wie von mir erlebt – ausgewachsene Minister wie eitle Gockel aufeinander losgehen.

Brandt kam im Mai 1945 als Korrespondent der skandinavischen Arbeiterpresse nach Deutschland zurück, um über den Hauptkriegsverbrecherprozess in Nürnberg zu berichten. Er wurde dann 1948 Beauftragter des SPD-Parteivorstandes in Berlin bei den alliierten Kontrollbehörden. In Berlin begann dann auch seine Arbeit innerhalb der SPD. Willy Brandt war von 1957 bis 1966 Regierender Bürgermeister der Stadt. Er hat in dieser Zeit den Stimmenanteil der SPD in der »Frontstadt«, wie manche Berlin an der Nahtstelle zwischen Ost und West während des Kalten Krieges nannten, zunächst 1958 um 8 Prozent auf 52,6 Prozent der Stimmen gesteigert und dann 1963 auf 61,9 Prozent der Stimmen.

1961, 1965, 1969 und 1972 kandidierte Brandt als Kanzlerkandidat der SPD bei den Bundestagswahlen. In dieser Zeit

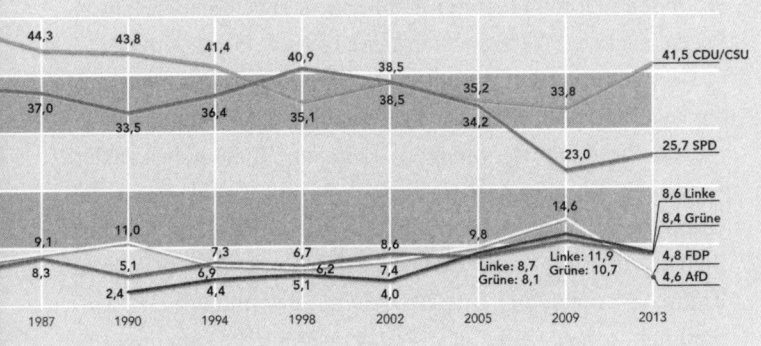

	1987	1990	1994	1998	2002	2005	2009	2013
CDU/CSU	44,3	43,8	41,4	40,9	38,5	35,2	33,8	41,5
SPD	37,0	33,5	36,4	35,1	38,5 / 34,2		23,0	25,7
Linke	9,1	11,0	7,3	6,7	8,6	8,7	11,9	8,6
Grüne	8,3	5,1	6,9	6,2	9,8	8,1	10,7	8,4
FDP	2,4		4,4	5,1	7,4	14,6		4,8
AfD					4,0			4,6

wuchs der Anteil der SPD bei den Zweitstimmen von 31,8 Prozent im Jahr 1957 auf 45,8 Prozent im Jahre 1972.

Die Bundesrepublik wurde seit ihrem Beginn von christdemokratischen Bundeskanzlern regiert, erst von Adenauer, dann von Ludwig Erhard und ab 1966 in einer Großen Koalition von Kurt Georg Kiesinger.

Die politische Großwetterlage und die innenpolitischen Auseinandersetzungen wurden in den fünfziger und sechziger Jahren stark von der Konfrontation zwischen West und Ost geprägt. In Berlin war dies besonders zu spüren: durch die ständige Bedrohung der Zugangswege und der Versorgung der Stadt. Berlin war abhängig vom Wohlwollen der westlichen Alliierten, die die Hoheit über den westlichen Teil der Stadt hatten. Willy Brandt war als Regierender Bürgermeister Teil der Auseinandersetzung. Das ergab sich aus seiner Funktion als Regierender Bürgermeister. Er warb damals um die Garantien der Amerikaner für die Stadt. Typisch und symbolisch dafür war der Besuch Kennedys in Berlin und sein Bekenntnis »Ich bin ein Berliner«. Diese Zeit hat das rationale und emotionale

Verhältnis Willy Brandts zu den USA stark geprägt. Er fand beispielsweise die Proteste gegen den Vietnamkrieg nicht gut. Freunden fällt man nicht in den Rücken, auch wenn sie etwas falsch machen. So könnte man seine Haltung beschreiben.

Der Konfrontation zwischen Ost und West ging einiges voraus: die bewusste Integration der Bundesrepublik in den Westen, die Westbindung, wie man das nannte, die Bundeskanzler Adenauer mit aller Macht betrieb. Typisch dafür waren die Wiederbewaffnung der Bundesrepublik Deutschland und der Beitritt zur NATO. Zur gleichen Zeit gab es in Deutschland Kräfte, die versuchten, vor der Wiederbewaffnung und Westbindung noch zu klären, ob es nicht doch ein Zusammenwachsen der beiden Teile Deutschlands geben könne. Wichtiger Repräsentant dieser Bewegung war Gustav Heinemann. Er war Mitglied der CDU gewesen und Innenminister des ersten Kabinetts Adenauer und trat von diesem Posten zurück, als Adenauer die Wiederbewaffnung vorantrieb. Gustav Heinemann gründete zusammen mit einigen anderen später bekannten Persönlichkeiten die Gesamtdeutsche Volkspartei (GVP). Diese Partei blieb bei Wahlen erfolglos, Heinemann und einige andere Aktive der GVP traten später der SPD bei – darunter Johannes Rau und Erhard Eppler.

Die Versuche, das Auseinanderdriften der beiden deutschen Teile aufzuhalten, konnten die Eskalation nicht verhindern. Der Zugang nach Berlin war immer wieder unsicher. Am 13. August 1961 wurde die Mauer gebaut. Westberlin fühlte sich bedroht. Willy Brandt bat um eine sichtbare Unterstützung durch die US-Regierung. Währenddessen reiste Bundeskanzler Konrad Adenauer durch Bayern und polemisierte gegen den unehelichen Herbert Frahm. Das war eine der typischen Verletzungen, denen Willy Brandt beständig ausgesetzt war.

Schon vor dem Mauerbau hatte sich ein Kreis um Willy Brandt in Berlin Gedanken darüber gemacht, wie man zu einer

Verständigung zwischen Ost und West kommen könne. Egon Bahr trug die Konzeption 1963 bei einer Tagung der Evangelischen Akademie in Tutzing vor. Das Kernelement dieser Strategie lautete: »Wandel durch Annäherung«. Diese Überlegungen zur Überwindung der Konfrontation zwischen Ost und West führten ebenso wie wachsender Unmut in weiten Kreisen über die verkrusteten Verhältnisse der von Adenauer geprägten westdeutschen Republik zu einer Umbruch- und Aufbruchstimmung. Schon vor Beginn der eigentlichen 68er-Bewegung gab es in Deutschland eine Reformdebatte. Wir waren unzufrieden damit, dass die weiterführenden Schulen und Hochschulen für Kinder aus Arbeiterfamilien de facto blockiert waren. Wir protestierten gegen die schlechte Einkommensverteilung und die Konsequenzen der Bodenspekulation für die Planung unserer Städte. Wir beschäftigten uns mit der verlogenen Sexualmoral der herrschenden Gesellschaft wie auch mit der Unfähigkeit und Unwilligkeit unserer Eltern und Großeltern, mit uns über die Nazivergangenheit zu sprechen.

Willy Brandt wurde für viele eine Art Projektionsfläche für die Hoffnungen auf ein erneuertes, für ein liberaleres und sozialeres Deutschland und auf ein friedliches Europa.

Bei der Bundestagswahl 1965 schafften es Willy Brandt und die SPD noch nicht zum Regierungswechsel. Doch das Bündnis aus CDU, CSU und FDP scheiterte nach gut einem Jahr. Ab Dezember 1966 wurde das Land von einer Großen Koalition regiert. Zum Bundeskanzler war am 1. Dezember 1966 Kurt Georg Kiesinger (CDU) gewählt worden. In seiner Regierungserklärung vom 13. Dezember 1966 musste der CDU-Bundeskanzler bekennen:

»Der Bildung dieser Bundesregierung, in deren Namen ich die Ehre habe, zu Ihnen zu sprechen, ist eine lange schwelende Krise vorausgegangen, deren Ursachen sich auf Jahre zurückverfolgen lassen.«

Willy Brandt wurde Außenminister und Vizekanzler. Er war nicht begeistert von der Großen Koalition – und hatte als Parteivorsitzender auch viel Protest und Kritik auszuhalten. Das Fußvolk der SPD wollte nach siebzehn Jahren Kanzlerherrschaft der CDU endlich einen eigenen Bundeskanzler an der Spitze der Regierung sehen. Helmut Schmidt und Herbert Wehner waren die eigentlichen Initiatoren der Großen Koalition. Herbert Wehner wurde Gesamtdeutscher Minister im Kabinett Kiesinger, Helmut Schmidt war Vorsitzender der SPD-Fraktion.

Das Ergebnis der gemeinsamen Regierung mit der Union war nicht schlecht. Immerhin gelang es, unter Federführung des sozialdemokratischen Bundeswirtschaftsministers Professor Dr. Karl Schiller und gemeinsam mit CSU-Bundesfinanzminister Franz Josef Strauß die erste wirtschaftliche Krise nach 1945 zu überwinden.

Auch drei weitere Leistungen der Großen Koalition zeigen beispielhaft sowohl die soziale Verpflichtung als auch die Modernität, die damals möglich wurden: Arbeiter waren im Unterschied zu Angestellten bis dahin nicht in den Genuss der Lohnfortzahlung im Krankheitsfall gekommen. Die Große Koalition verschaffte ihnen dieses Recht. Sie ersetzte auch die sogenannte Allphasenumsatzsteuer durch die Mehrwertsteuer und leistete damit einen dringend notwendigen Beitrag gegen Konzentrationstendenzen in der deutschen Wirtschaft.

In der neuen Ostpolitik kam Außenminister Willy Brandt zunächst ein gutes Stückchen weiter. Brandt sicherte die neue Konzeption zum Abbau der Ost-West-Konfrontation bei den westlichen Verbündeten ab und streckte Fühler nach Osten aus. Aber Bundeskanzler Kiesinger und die Union sperrten sich gegen wirkliche Fortschritte, gegen den Durchbruch durch eine Anerkennung der Grenzen nach Osten. Willy Brandt, wie auch eingeweihten Freunden, war klar, dass es so nicht weitergehen konnte. Brandt wollte den Wechsel und hatte sich deshalb entschlossen, 1969 ein drittes Mal als Kanzlerkandidat anzutreten.

Am 13. März nominierte das Präsidium der SPD Willy Brandt zum Kanzlerkandidaten. Das entsprach dem Wunsch der überwiegenden Mehrheit in der SPD und der Sympathisanten außerhalb der eigenen Reihen. Aber unter der Decke rumorte es zu dieser Zeit schon. Es gab SPD-Spitzenleute, die sich für den besseren Kanzler hielten.

Ich war damals Redenschreiber von Karl Schiller. Mein Freund und Kollege Ulrich Pfeiffer und ich waren fast die einzigen Sozialdemokraten im Leitungsbereich von Karl Schiller. Deshalb ließ er uns zu sich kommen, wenn er über sozialdemokratische Interna sprechen wollte. So auch unmittelbar nach der Nominierung Willy Brandts zum Spitzenkandidaten durch das SPD-Präsidium. Er ließ nach seinen »Hippies« rufen, wie er uns in Erinnerung an seine Universitätsvergangenheit nannte. Als ich in Schillers Ministerbüro kam, stand er sichtlich aufgewühlt hinter seinem Schreibtisch, mit einem grünen Heft in der Hand. Er fragte, ob ich mir erklären könne, wie das SPD-Präsidium auf die Idee kommen könne, nicht ihn, sondern Willy Brandt zum Kanzlerkandidaten zu ernennen. Die Umfragen von Infratest, deren letzte Erhebung er in der Hand hielt, zeigten doch deutlich, dass nur Gustav Heinemann, der gerade gewählte Bundespräsident, populärer sei als er, der Bundeswirtschaftsminister. Ich war im doppelten Sinne sprachlos, weil ich bei allem Respekt und der großen Bewunderung für Karl Schiller nie auf die Idee gekommen wäre, er wäre ein guter Bundeskanzler. Er wäre wirklich ein »Teilkanzler« geworden – ein Vorwurf, der später gegen Willy Brandt immer wieder erhoben wurde.

Trotzdem war Karl Schiller ein wichtiges Pfund in der Auseinandersetzung im folgenden Wahlkampf. Denn ein eigentlich kaum zu vermittelndes Thema wurde eines der Schwerpunkte:

die von Bundeswirtschaftsminister Schiller geforderte Aufwertung der D-Mark. Hier konnte sich die SPD mit Wirtschaftskompetenz profilieren und drang mit ihrem Wahlkampf in konservative Kreise ein, jedenfalls in die der sogenannten Aufsteiger und Wirtschaftsexperten.

Brandts Stellvertreter in der SPD, Herbert Wehner, und auch der Fraktionsvorsitzende Helmut Schmidt neigten dazu, die Große Koalition fortzusetzen, Willy Brandt setzte auf den Wechsel und auf den Gewinn der Kanzlerschaft mithilfe der FDP. Das gelang, wenn auch knapp. 1969 wurde Willy Brandt zum Bundeskanzler gewählt. Die Regierungserklärung vom 28. Oktober enthielt einige visionäre und emotionale Ankündigungen: »Mehr Demokratie wagen.« »Wir fangen erst richtig an.« »Wir wollen ein Volk der guten Nachbarn sein.«[1]

Mit der in der Großen Koalition von SPD-Seite vorbereiteten Entspannungspolitik mit dem Osten ging es dann Schlag auf Schlag: Schon am 19. März 1970 Besuch Willy Brandts in Erfurt, damals DDR, am 21. Mai 1970 der Gegenbesuch des Staatsratsvorsitzenden der DDR Stoph in Kassel, am 12. August 1970 der Moskauer Vertrag, dann am 7. Dezember 1970 der Warschauer Vertrag, 1971 die Unterschrift unter das Viermächteabkommen über Berlin, 1972 der Grundlagenvertrag und Verkehrsvertrag mit der DDR, dann 1973 noch der Prager Vertrag. Wichtiges Element aller dieser Vereinbarungen und Treffen: Gewaltverzicht. Eine weitere Krönung der Ostpolitik kam unter dem neuen Bundeskanzler Helmut Schmidt 1975 hinzu: die Konferenz über Sicherheit und Zusammenarbeit in Europa (KSZE) in Helsinki.

Das Ergebnis dieser Politik war eine veränderte Welt. Es wurde der Grundstein für das Ende der Konfrontation in Europa und damit auch für die deutsche Vereinigung gelegt. Nicht nur Helmut Kohl war »Kanzler der Einheit«, auch Willy Brandt und Helmut Schmidt verdienen diesen Titel.

Oft wird übersehen oder abgestritten, dass neben der Ostpolitik auch die Politik der inneren Reformen gestartet wurde
und beachtlich erfolgreich war. Es wird gesagt, die Regierung
Brandt habe eine Art Versandhauskatalog[2] verkündet. Ver-
sandhäuser sind nützliche Einrichtungen. Im Versandhaus des
Kanzlers Brandt gab es keine Revolution und keine Systemver-
änderung zu kaufen, dafür aber nützliche Angebote, die das
Leben vieler Menschen zum Besseren wendeten: den Beginn
des Umweltschutzes mit konkreten Gesetzen und Verordnungen, die Amnestie für Demonstranten[3], das Städtebauförderungsgesetz, die Dynamisierung der Kriegsopferrenten, die flexible Altersgrenze, die Herabsetzung des Wahlalters auf
achtzehn Jahre, kostenlose Vorsorgeuntersuchungen gegen
Krebs, ein neues Betriebsverfassungsgesetz, das 624-DM-Ver-
mögensbildungsgesetz, die Anhebung der Kleinrenten, Unfall-
versicherungsschutz für Kindergartenkinder, Schüler und Studenten, die Öffnung der Rentenversicherung für Hausfrauen
und Selbstständige, erstmalig die Krankenversicherung für
Landwirte, ein neues Bundesausbildungsförderungsgesetz,
mehr Geld für Bildung, Ausbildung, Wissenschaft und Forschung und verstärkter Hochschulausbau, und so weiter.

Die Mehrheit der Bürgerinnen und Bürger in Deutschland
hatten offenbar verstanden, dass der »Versandhauskatalog«
der Regierung Brandt Nützliches enthielt und das Etikett Reformen verdient. »Wort gehalten« hieß ein Flugblatt der SPD,
das gegen Ende der abgekürzten Legislaturperiode ab dem 20.
September 1972 in einer Auflage von 17,4 Millionen verteilt
wurde und die Sympathien für die Regierung Brandt zwei Monate vor der Bundestagswahl spürbar ansteigen ließ.

Die Legislaturperiode vom Oktober 1969 bis zum vorgezogenen Wahltermin am 19. November 1972 war eine turbulente
Zeit. Es tat sich viel Positives. Aber zugleich rannten eine Mehrheit der CDU und CSU sowie Wirtschaftskreise und Vertriebe-

nenverbände massiv und ständig gegen die Politik der neuen Regierung an. Abgeordnete der SPD und der FDP wechselten die Reihen, weil ihnen die Versöhnung mit dem Osten nicht passte oder weil sie einfach nur abgeworben worden waren. Es kam zu Neuwahlen, weil die Regierung Brandt keine Mehrheit mehr hatte. Die Wahl brachte dann am 19. November ein überzeugendes Votum für die Fortsetzung von Brandts Arbeit. Doch die Koalitionsverhandlungen wurden praktisch ohne den kranken Wahlsieger geführt. (Dazu später ausführlich.)

Am 6. Mai 1974 trat Willy Brandt als Bundeskanzler zurück. Helmut Schmidt wurde Bundeskanzler und blieb dies bis Ende September 1982.

Brandt blieb nach seinem Rücktritt als Bundeskanzler Vorsitzender der SPD und war auch weiterhin vielfältig tätig – hoch geehrt als Vorsitzender der Sozialistischen Internationale und der sogenannten Nord-Süd-Kommission. 1992 starb Willy Brandt.

Von der Kurpfalz über München nach Bonn

Ich wuchs in einem Dorf südöstlich von Heidelberg auf. Meine Kindheit war trotz dörflicher Idylle stark vom Krieg geprägt – von Jagdbomberangriffen auf den 200 Meter entfernten Bahnhof und vom Leuchten der brennenden Städte Mannheim, Heilbronn, Pforzheim, Würzburg am nächtlichen Himmel. »Nie wieder Krieg« – das musste ich mir nicht anlernen. Ich engagierte mich als Fünfzehnjähriger gegen die Wiederbewaffnung und für eine Partei, die damals am tatkräftigsten versuchte, die Möglichkeiten für eine Wiedervereinigung der beiden Teile Deutschlands auszuloten und nicht nur Sprüche zu machen. Das war die GVP, die Gesamtdeutsche Volkspartei, die friedenspolitische Disposition für meine spätere Tätigkeit in Bonn. Die gesellschaftspolitischen und wirtschaftspolitischen Grundlagen kamen bei der Ausbildung zum Industriekaufmann und dann später während des Studiums und der Arbeit als wissenschaftlicher Assistent an der Ludwig-Maximilians-Universität in München hinzu. Ich hatte das Glück, im Umfeld von Universität und SPD einen Freundeskreis von fachlich kompetenten und zugleich gesellschaftspolitisch engagierten jungen Menschen zu treffen. Wir schrieben Papiere über die aus unserer Sicht falsche Wirtschaftspolitik von Ludwig Erhard und der Bundesbank und unterbreiteten konkrete Vorschläge zur Bändigung der grassierenden Bodenspekulation und zur Konjunkturpolitik. Und wir betrieben außerhalb des offiziellen Vorlesungs- und Seminarplans ein Forum an der Universität, zu dem wir interessante Leute einluden. Im Juni

1968 war der parlamentarische Staatssekretär des Bundeswirtschaftsministers Karl Schiller, Klaus Dieter Arndt, zu Gast. Er war von der Mischung aus gesellschaftspolitischem Engagement und fachlicher Qualität unseres Wirtschaftspolitischen Clubs in München beeindruckt. Am nächsten Tag fragte er telefonisch an, ob eine oder einer von uns Redenschreiber des Bundeswirtschaftsministers werden wolle. Nach einigem Zögern bewarben sich Ulrich Pfeiffer und ich. Wir wurden beide genommen und traten im August unsere Posten an.

Karl Schiller wollte bei Reden im Parlament oder in der SPD-Bundestagsfraktion immer einen seiner Redenschreiber in greifbarer Nähe haben. Auf diese Weise kamen wir jungen Männer von der Uni direkt in Kontakt mit anderen Spitzenpolitikern. Genauso schnell und unerwartet geriet ich 1969 in den beginnenden Bundestagswahlkampf der SPD mit ihrem Spitzenkandidaten Brandt.

Im Sommer 1968 war auf den Devisenmärkten sichtbar geworden, dass die D-Mark unterbewertet war. Für damalige Verhältnisse fielen deshalb große Exportüberschüsse an. Es gab also eine ähnliche Situation wie heute in der Eurozone, nur dass damals einzelne Währungen ab- und aufgewertet werden konnten.

Eine Aufwertung der D-Mark lag nahe. Zuständig dafür war Bundeswirtschaftsminister Schiller. Er bemühte sich um eine Einigung mit Finanzminister Franz Josef Strauß von der CSU, mit »Plum« sozusagen. Als »Plisch und Plum« hatten sie bei der Überwindung der Rezession von 1966/67 gut zusammengearbeitet. Jetzt waren sie Konkurrenten. Strauß und Bundeskanzler Kiesinger waren gegen die Aufwertung. Offensichtlich hatte sich die Exportwirtschaft und insbesondere die Rüstungs- und Flugzeugindustrie in Oberbayern und Mittelfranken hinter den bayerischen Politiker geklemmt.

Am Samstag, dem 15. März 1969, lud Minister Schiller sein sogenanntes Küchenkabinett zu einer Sitzung in sein Arbeitszimmer. Er bat reihum jeden von uns um eine persönliche Antwort auf seine Frage, ob er dem Bundeskanzler offiziell im Kabinett die Aufwertung der D-Mark vorschlagen solle. Ein allgemeines Herumdrucksen setzte ein. Zwar führte mit Schiller ein Sozialdemokrat das Ministerium, eine Ebene darunter sah es aber anders aus. Nach meiner Erinnerung waren damals mit dabei: der beamtete Staatssekretär Schöllhorn (CSU), der Leiter der wichtigsten Abteilung I, Otto Schlecht, der sich ideologisch zwischen CDU und FDP aufhielt, Hans Tietmeyer (CDU). Als Vertreter des Währungsabteilungsleiters Hankel war Dieter Hiss anwesend, damals parteilos, aber eher mit SPD-Neigung. Es gab den Leiter des Ministerbüros Dieter von Würzen, der nach meiner Kenntnis nicht parteilich festgelegt war, und mich. Die SPD-Anhänger waren also eindeutig in der Minderheit.

Das folgende Schauspiel war wunderschön mit anzusehen. Es war bekannt, dass auch die der Union nahe stehenden Mitglieder des Küchenkabinetts aus fachlichen Gründen Schillers Vorschlag zuneigten. Nun aber, an jenem Samstag, kamen sie jedoch in Konflikt mit ihrer politischen Loyalität zu Bundeskanzler Kiesinger und Strauß. Ich fand genauso wie Schiller, dass die Aufwertung der D-Mark nicht nur aus fachlich-sachlichen Gründen notwendig war, sondern auch politisch im Wahlkampf eine höchst willkommene Dynamik entwickeln würde. Das war das Thema, mit dem die SPD ihre Wirtschaftskompetenz belegen konnte. Außerdem war absehbar, dass bis zum Wahltermin noch viel passieren würde, um dieses Thema wach zu halten. Die Mehrheit der Medien, selbst konservative Medien wie *FAZ* und das *Handelsblatt* und *Die Welt*, neigten in dieser Frage Schiller zu.

Knapp acht Wochen später, am 9. Mai, schlug Schiller im Kabinett dem Bundeskanzler die Aufwertung der D-Mark vor. Kanzler Kiesinger lehnte das ab. Die SPD hatte ihr Profilierungsthema. Aber innerhalb der SPD-Führung war die Sache noch nicht geklärt. Schiller hatte die Abklärung mit seinen Kollegen im Präsidium der SPD versäumt.

SPD-Bundesgeschäftsführer Hans-Jürgen Wischnewski merkte sofort, welche »Musik« in diesem Thema steckte. Schiller kam mit ihm überein, dass ich im zuständigen Wahlkampfgremium der SPD den Bundeswirtschaftsminister und das Aufwertungsthema vertreten sollte. Dieses Gremium nannte sich »Technische Wahlkampfleitung«.

Schiller und Wischnewski waren überzeugt, dass das Thema Aufwertung nur mit viel Informationsarbeit durchgesetzt werden konnte. Als Erstes war eine ganzseitige Anzeige in der *Bild*-Zeitung vorgesehen, die die Werbeagentur ARE damals mit meiner Hilfe entwarf. Überschrift und Inhalt sind heute wieder aktuell: »Wir verschenken jeden 13. VW«. Auch heute verschenken wir mit übertriebenen Exportüberschüssen Ressourcen und Wohlstand nach draußen. Die als Druckvorlage der *Bild*-Zeitung vorliegende Anzeige erschien dann leider doch nicht. Sie wurde auf Intervention von Franz Josef Strauß auf einer Sitzung des Kressbronner Kreises, damals die Koalitionsrunde, die auf Wunsch von Kanzler Kiesinger in Kressbronn in der Nähe des Bodensees tagte, gekippt. Wie das möglich war, erklärte mir Jahre später mein Bundestagskollege Erich Riedl von der CSU. Die *Bild*-Zeitung hatte Franz Josef Strauß die geplante Anzeige gesteckt und dieser intervenierte in der Koalitionsrunde.

Die SPD-Spitze folgte seinem Ansinnen. Hier wird sichtbar, dass sie nicht geschlossen hinter ihrem Wirtschaftsminister stand. Dann brachte vermutlich eine Notiz über die fachliche wie zugleich wahlpolitische Bedeutung dieses Themas, die wir Herbert Wehner zuleiteten, den Durchbruch. Er stellte sich hinter Schiller und dann die anderen auch. Auch Willy Brandt hatte, nach anfänglichem Zögern, die große Bedeutung dieses Themas erkannt. Es gibt harte, drohende Brandt-Briefe an

Kanzler Kiesinger, in denen der Vizekanzler Brandt unzweideutig die Position des Wirtschaftsministers Schiller ergreift.

Die Schlussphase des Wahlkampfes musste ich leider im Krankenhaus verbringen. Am Morgen nach der Wahl erwachte ich, umgeben von drei Blumensträußen. Einer kam von Karl Schiller, der zweite von Hans-Jürgen Wischnewski, dem Bundesgeschäftsführer der SPD, der dritte von Willy Brandt. Ich war nicht sein Mitarbeiter, aber er hatte gemerkt, welche Rolle das Thema Aufwertung und welche Rolle ich im Hintergrund bei der Durchsetzung des Themas in der SPD-Spitze gespielt hatte. Wenig später kam von Wischnewski die Anfrage, ob ich Lust hätte, vom Wirtschaftsministerium in die »Baracke« zu wechseln. So nannte man damals das SPD-Hauptquartier, weil der Vorstand und seine Mitarbeiterinnen und Mitarbeiter in einem wirklichen Barackenensemble hausten. Ich nahm an, weil die Arbeit reizte und die Personen, für und mit denen ich arbeiten sollte. Ich fand Wischnewski sympathisch und Brandt sowieso. Ich mochte auch Karl Schiller, aber es war absehbar, dass er nach Wahlkampf und Wahltag wieder stärker in den Einflussbereich seiner konservativen Mitarbeiter von Schöllhorn bis Tietmeyer geraten würde. So kam es auch. Im Juli 1972 trat der als Superminister agierende Karl Schiller wegen Meinungsverschiedenheiten über die Währungs- und Finanzpolitik zurück und im September dann aus der SPD aus. Gemeinsam mit Ludwig Erhard engagierte er sich in Anzeigen gegen die SPD – aus angeblicher Sorge um »Klassenkampf« und Preisstabilität.

Ab Dezember 1969 war ich also Leiter der Abteilung Öffentlichkeitsarbeit im Parteivorstand der SPD. Wir kümmerten uns um alle Veröffentlichungen und vor allem auch um die innere Kommunikation der SPD. Unsere Abteilung bot Unterstützung für die Wahlkämpfe der Landesparteien. In Absprache mit dem Pressesprecher der SPD, dem wunderbaren und viel zu früh verstorbenen Jochen Schulz, und seinem Stellvertreter Lothar Schwartz hielt ich Kontakt zu Journalisten.

Auch die Betreuung von Umfragen und Wahlanalysen fiel in meinen Arbeitsbereich. Die Jahre zwischen 1969 und der nächsten Wahl von 1972 waren aufregend, weil in Deutschland politisch viel in Bewegung geriet. Gleichzeitig war die Bundesregierung wegen der Abwerbung von Bundestagsabgeordneten durch die Union und der öffentlichen Agitation von Nationalkonservativen und Wirtschaftskreisen ständig gefährdet. Einer meiner Gesprächspartner über den Stand von Umfragen war ein Mitarbeiter der russischen Botschaft namens Abraschkin. Seine Regierung wollte wissen, ob Kanzler Brandt durchhält. Deshalb bat Abraschkin des öfteren um einen Termin. Es muss in der zweiten Hälfte des Jahres 1971 gewesen sein, als die Auseinandersetzungen mit der Opposition eskalierten und ich während der Arbeitszeit keinen Termin mehr für ihn frei hatte. Leichtsinnigerweise ließ ich ihm von meiner Sekretärin ausrichten, er möge Samstag früh bei mir zuhause vorbeikommen. Abraschkin kam mit einem Blumenstrauß. Es wurde ein interessantes Gespräch, weit über die Umfragen hinaus, vor allem wegen seiner Einschätzung der DDR-Führung. Am folgenden Montag früh bat mich Hans-Jürgen Wischnewski zu sich. Lachend meinte er, wenn ich den russischen Gesandten schon nach Hause kommen ließe, dann doch bitte ohne Blumenstrauß. So eng war die Überwachung damals schon. Hingegen entging den Diensten jahrelang das Treiben des DDR-Spions Guillaume.

Da es unter den Mitarbeitern und Mitarbeiterinnen des Parteivorstandes der SPD damals außer mir keinen Ökonomen gab, kümmerte ich mich auch um wirtschaftspolitische Fragen, die innerhalb der SPD zur Debatte standen. So hatte ich das zweifelhafte Vergnügen, die wirtschafts- und gesellschaftspolitischen Beschlüsse des Kongresses der Jungsozialisten vom Dezember 1969 zu kommentieren. Beschlüsse und Kommentare wurden als Heft 1 einer Reihe J (für Jugend) veröffentlicht. Dies zu erwähnen ist wichtig, weil hier im Auftrag von Brandt eine handfeste Auseinandersetzung mit diesem Teil der Linken geschrieben wurde – ein Beleg neben vielen anderen dafür, dass Willy Brandt durchaus bereit und fähig war, sich gegenüber pseudolinkem Treiben in seiner Partei abzugrenzen. Er hat seine Partei nicht »verludern« lassen, wie es damals und später stereotyp hieß.

Gemeinsam mit Gunter Huonker, dem persönlichen Referenten von Erhard Eppler, kümmerte ich mich auch um die Zuarbeit für die SPD-Steuerreformkommission. Die Kommission war ein Musterbeispiel für die inhaltliche und programmatische Arbeit, die der Vorsitzende Willy Brandt in seiner Partei möglich machte. Der daraus folgende Steuerparteitag wurde von der veröffentlichten Meinung und später auch von der Geschichtsschreibung verwegen bis bösartig als deutlicher Linksruck kommentiert. Doch davon später mehr.

Im Frühjahr 1972 hatte die Regierung Brandt im Bundestag keine Mehrheit mehr, weil einzelne Abgeordnete von SPD und FDP mit ihrem Mandat die Fronten gewechselt hatten. Ein konstruktives Misstrauensvotum gegen Brandt scheiterte. Neuwahlen waren nötig. Ich war verantwortlich für die Planung des SPD-Wahlkampfes und seine kommunikative Umsetzung. Das Ergebnis war mit 45,8 Prozent der Zweitstimmen das bisher beste in der Geschichte der SPD. Auch der Koalitionspartner FDP legte zu – von 5,8 auf 8,4 Prozent.

Der Erfolg hatte viele Gründe. Ein zentraler hieß Brandt. Doch erkannte Brandt auch, dass ein solcher Wahlerfolg nur möglich ist, wenn viele Scheiben und Scheibchen von Wählerpotenzialen realisiert und auf einander geschichtet werden, damit das Ergebnis so optimal aussieht. Es gibt keinen großen Wahlerfolg, der nur auf eine einzige Ursache, beziehungsweise ein Wahlkampfthema zurückzuführen ist. Die Menschen wählten SPD und Brandt 1972 nicht nur wegen der Ostpolitik.

Im Februar 1973 wurde ich Leiter der Planungsabteilung im Bundeskanzleramt. Deren Ruf war ziemlich ramponiert. Helmut Schmidt sprach etwas verächtlich von Horst Ehmkes Kinderdampfmaschine. Die Bezeichnung war so falsch nicht, denn es wurde schon ein bisschen viel von der Regierungs- und der sogenannten Vorhaben-Planung erwartet: eine quasi flächendeckende, punktgenaue und unter Verwendung moderner Datenverarbeitung erarbeitete Ablaufplanung. Wir nutzten ab 1973 das schon aufgebaute Informationssystem als Basis für politische Planung, also die Begleitung von aufkommenden Problemen und ihrer Lösung, aber immer bezogen auf Schwerpunkte. Dennoch blieb das Kinderdampfmaschinenimage hängen. So ist es: Wenn einmal ein Urteil in Umlauf gebracht ist, dann bleibt es hängen und kommt im Zweifel in die Geschichtsbücher.

Im Mai 1974 trat Willy Brandt zurück. Unmittelbarer Anlass war die Verhaftung des DDR-Spions und Kanzleramtsmitarbeiters Guillaume und die damit verbundene abenteuerliche Behauptung, Willy Brandt sei erpressbar. Brandts Rücktritt war der vorläufige Schlusspunkt einer Treibjagd, die im November und Dezember 1972 ihren Höhepunkt erreicht hatte. Ich blieb auch unter seinem Nachfolger Helmut Schmidt Planungschef und dies dann bis Anfang Oktober 1982, als auch Helmut Schmidt seinen Hut nehmen musste. Helmut Kohls Chef des Kanzleramtes, Waldemar Schreckenberger, überreichte mir den Entlassungsbrief.

Parteifreunde und andere Feinde

Ein Politiker ist erst dann erledigt, wenn er nicht nur Gegner in anderen Parteien und große Interessen und wichtige Medien gegen sich hat, sondern vor allem wenn zusätzlich in den eigenen Reihen gegen ihn gearbeitet wird. Willy Brandt ist dafür ein »klassischer Fall«. Er war die geborene Zielperson des rechtskonservativen Lagers: weil er ein uneheliches Kind war, weil er vor den Nazis ins Ausland emigriert war, weil er eine fast schon unheimliche Anziehungskraft auf Menschen ausübte und sie ihn deshalb als Konkurrenten fürchteten und beneideten. Sie verfolgten ihn mit Schmähschriften, mit Gerüchten, mit Lügen, auch mit strafrechtlich relevanter Verleumdung und mit nationalistischen Parolen. Auf die bösartigsten Gerüchte – Brandt sei Alkoholiker und ein Frauenheld gewesen – möchte ich hier gar nicht erst eingehen.

Willy Brandt hatte während seiner Kanzlerjahre Gegner im Springer-Konzern und besonders in Springers *Bild*-Zeitung, die sich schon immer eher als Kampforgan denn als informative Zeitung verstanden hat.

In Zeiten der sogenannten Ostpolitik nahm die Aggressivität in einigen Kreisen zu. Menschen, die aus dem Osten geflohen waren, machten ihn verantwortlich dafür, dass ihre Heimat nicht mehr deutsch war. Willy Brandt hat dazu später nach der Unterzeichnung des Moskauer Vertrags am 12. August 1970 zutreffend gesagt: »Mit diesem Vertrag geht nichts verloren, was nicht längst verspielt worden war.« Vier Monate nach der Unterzeichnung des Moskauer Vertrages reiste Brandt nach

Warschau. Kernpunkte des Vertrages mit Polen waren diplomatische Anerkennung, Gewaltverzicht, Familienzusammenführung und die Anerkennung der Oder-Neiße-Grenze.[4]

Willy Brandt wurde von Teilen der deutschen Wirtschaft und von finanzstarken Interessengruppen und -grüppchen attackiert. Mit einigen Managern und Kapitaleignern verstand er sich recht gut, weil diese begriffen hatten, welche Chancen sich für sie aus dem Abbau der Konfrontation zwischen Ost und West und der Öffnung der Märkte in Mittel- und Osteuropa ergeben würden. Einige waren auch schlicht und einfach aufgeschlossen genug, um zu begreifen, dass diese Öffnung dringend nötig war für unser Land. Aber die meisten konservativen Unternehmer und Kapitaleigner waren feindselig gegenüber Willy Brandt. Und sie organisierten und finanzierten Kampagnen gegen ihn.

Dann hassten ihn einige Linke, denen er nicht marxistisch genug war, oder weil er dem sogenannten Radikalenerlass den bundespolitischen Segen gegeben hatte.[5]

Und dann hatte er innerparteiliche Gegner: solche, denen seine Richtung nicht passte oder deren Karrieren er im Weg stand oder die einfach neidisch waren.[6]

Ist der Begriff Treibjagd hier zu gewagt? Ich habe zunächst gezögert, finde aber, dass dieser Begriff einiges zu erklären hilft. Eine Jagdgesellschaft spricht das gleiche Jägerlatein. Auf unsere politische und gesellschaftliche Wirklichkeit übertragen: Von Historikern und Journalisten, die über Willy Brandt und seinen Rücktritt vom Kanzleramt schreiben, werden die gleichen Geschichten erzählt: Brandt sei depressiv gewesen, nicht leistungsstark, ein Träumer, er habe von Ökonomie keine Ahnung gehabt, und so weiter. Und in der Tat findet man dieses Jägerlatein dann in vielen historischen Abhandlungen über Willy Brandt.

Wenn man das Phänomen der Treibjagd nicht sieht, dann wird man auch den Zeitpunkt der »Erledigung« des Politikers Brandt nicht genau verorten können. Er wird in der Regel – nicht von allen – viel zu spät angesetzt. Willy Brandt war als Bundeskanzler schon nach der glorios gewonnenen Wahl vom 19. November 1972 und den von Wehner und Schmidt an ihm vorbei geführten Koalitionsverhandlungen »erledigt«. Also spätestens am Jahresende 1972. Alles andere war Abgesang. Und viele seiner ab dem Januar 1973 unterlaufenen Fehler erklären sich aus den massiven persönlichen Verletzungen und Schwierigkeiten im Zusammenhang mit den Koalitionsverhandlungen im November und Dezember 1972 und einer politischen Erpressung, der er im Juli des Jahres ausgesetzt war. Der große Willy Brandt war dann – wie die Amerikaner gesagt hätten – eine »lame duck«.

Schicksalsjahr 72 –
Triumph und Niedergang

Das Jahr 1972 war in vielerlei Hinsicht aufregend. Es fanden in Baden-Württemberg Landtagswahlen statt. Diese fielen uns deshalb besonders auf, weil zum ersten Mal anonyme Gruppen, Briefkasteninitiativen und Vereine mit viel Geld per Anzeigen in die Meinungsbildung eingriffen. Wenig später folgte das konstruktive Misstrauensvotum gegen Willy Brandt am 27. April, das erste in der Geschichte der neuen deutschen Demokratie. Es wühlte die Gefühle von Millionen von Menschen auf. Zur Stunde der Abstimmung standen Maschinen und Fließbänder in Deutschland still. In Schulen wurde der Unterricht unterbrochen. Die Menschen saßen vor dem Fernseher und verfolgten das Geschehen im Deutschen Bundestag. Die Anhänger der Union hofften darauf, den Politikwechsel von 1969, diesen »Betriebsunfall« in der langen Serie ihrer Machtausübung im Deutschland nach 1949 korrigieren zu können. Die Anhänger der sozialliberalen Koalition waren empört, weil mit abgeworbenen, und wie man meinte, gekauften Abgeordneten ein Bundeskanzler in die Wüste geschickt werden sollte.

Rainer Barzel und die Union verloren das Misstrauensvotum. Die Anhänger der Regierung Brandt waren in euphorischer Stimmung. Aber schon am nächsten Tag war klar, dass die Regierung bei offener Abstimmung im Parlament keine Mehrheit mehr hatte. Der Haushalt des Bundeskanzlers wurde nicht abgesegnet. Damit war einigermaßen klar: Es würde noch im Jahr 1972 und nicht erst im regelmäßigen Turnus 1973 Neuwahlen geben.

Wir von der Abteilung Öffentlichkeitsarbeit des SPD-Partei-vorstandes machten uns mit dem Kanzleramt gemeinsam Gedanken darüber, wie man die beim Misstrauensvotum emotional aufgeladene gute Stimmung für Brandt und die sozialliberale Koalition bis zur absehbaren Wahl im Herbst hinüber-retten könnte. Im Wahlkampf selbst gelang Brandt das. Zwischendurch jedoch sah es düster aus. Und nach der gewonnenen Wahl sowieso.

Der Bundeshaushalt war im Bundestag an der veränderten Mehrheit gescheitert. Das war der erste Dämpfer. Dann verschickte der noch amtierende Superminister Karl Schiller am 18. Mai einen sogenannten »Schnellbrief« an seine Ministerkollegen. Der Schnellbrief war damals ein selten genutztes Instrument zum Aufrütteln der Kabinettskollegen. Polemisch könnte man auch sagen: Er diente der Meinungsmache. Der Bundesfinanz- und Wirtschaftsminister geißelte die Ausgabenpolitik der öffentlichen Hand, also letztlich auch seine eigene Arbeit. Professor Dr. Karl Schiller war auf dem Absprung.

Ich hatte ja schon bei Schiller gearbeitet – eine gute Erfahrung, weil Karl Schiller von Ökonomie viel verstand und noch mehr von guten Formulierungen und der Beeinflussung der öffentlichen Meinung. Aber die personelle wie politische Konstellation in seinem Ministerium war – wie schon erwähnt – kurios: Sein Hauptstaatssekretär Schöllhorn, ein durchaus guter Ökonom, war Mitglied der CSU. Sein wichtigster Abteilungsleiter in der Grundsatzabteilung, Otto Schlecht, war ebenfalls konservativ. Sein Grundsatzreferent war der später berühmte Hans Tietmeyer, nachmals Bundesbankpräsident und seit 2000 Kuratoriumsvorsitzender der neoliberalen Propaganda-organisation Initiative Neue Soziale Marktwirtschaft. Hans Tietmeyer war damals auch CDU-Vorsitzender von Bad Godesberg und stramm auf Gegenkurs zur neuen Zeit und zur sozialdemokratisch geführten Bundesregierung. Sie alle gehörten zum Küchenkabinett des Ministers Schiller. Daneben noch als parlamentarischer Staatssekretär der Sozialdemokrat Klaus Dieter Arndt. Nicht dazu gehörte der andere beamtete Staatssekretär, Klaus von Dohnanyi. Er wurde von Karl Schiller nicht sonderlich geschätzt.

Meinem Kollegen Ulrich Pfeiffer und mir wurde in der kurzen Zeit zwischen August 1968 und der Wahl am 28. September 1969 klar: Wenn die Wahl 1969 vorbei ist, dann wird Schiller sich weiter seinen konservativen Zuarbeitern annähern. Das war für ihn sehr attraktiv, weil Schöllhorn, Schlecht und Tietmeyer mit den Bonner Wirtschaftsjournalisten bestens vernetzt waren. Sie konnten dafür sorgen, dass der Minister von diesen gut behandelt wurde. Das geschah natürlich vor allem dann, wenn er seine eigene Partei, die SPD, angriff. Schiller wandte hier die gleiche Taktik an, die Helmut Schmidt später perfektionierte. Das Ergebnis las man in der Zeitung: Schiller ist gut, aber in der falschen Partei. Das war der Tenor vieler Artikel und Kommentare in der *Frankfurter Allgemeinen Zeitung*, im *Handelsblatt*, in der *Welt*, in der *Bild*-Zeitung. Seine berühmte Klage während des Steuerparteitags der SPD im November 1971 – »Genossen, lasst die Tassen im Schrank« – war ein Musterbeispiel dieser nachhaltigen Agitation gegen die eigene politische Gruppierung. Das ging auch immer zulasten des Parteivorsitzenden und Bundeskanzlers Willy Brandt, dem man von Seiten der Opposition und aus den eigenen Reihen vorwarf, die SPD nach links driften zu lassen.

Nachdem der spätere Arbeits- und Sozialminister Herbert Ehrenberg (bei Schiller bis 1969 Unterabteilungsleiter Strukturpolitik), Ulrich Pfeiffer und ich nach der Wahl 1969 das Bundeswirtschaftsministerium verlassen hatten, gab es dort kaum noch Sozialdemokraten. Einer der wenigen war Claus Noé. Er besuchte mich im Januar oder Februar 1972 in der »Baracke« und begann in seinem breiten Mannheimer Dialekt:

»Horsche mol, ihr misst was due for de Karl.« Er wollte, dass ich Willy Brandt dazu ermuntere, Karl Schiller in besonderer Weise zu pflegen. Da zeitgleich das Zusammenspiel von Schiller mit SPD-feindlichen Medien besondere Blüten trug und ich diesen Sozialdemokraten für verloren hielt, lehnte ich eine Intervention ab. Sie hätte wahrscheinlich auch nicht besonders viel gefruchtet, weil Willy Brandt auch langsam »Schiller-müde« wurde, nachdem er ihm jahrelang mit unglaublicher Loyalität begegnet war.

Im Rückblick muss ich es als einen Fehler betrachten, mit Willy Brandt nicht rechtzeitig über das wenig regierungs-freundliche und anti-sozialdemokratische Umfeld Karl Schillers gesprochen zu haben. In Kenntnis des Abdriftens Karl Schillers hätte der Bundeskanzler vielleicht davon abgesehen, 1971 den Wirtschaftsminister auch noch mit dem Amt des Finanzministers zu betrauen, oder mit ihm freundschaftlich über die ideologischen Hinterlassenschaften im Bundeswirtschafts-ministerium gesprochen.

Die PR-Aktion gegen Brandt und die SPD, die der Schnell-brief darstellte – »überraschenderweise« fand er umgehend seinen Weg in die Öffentlichkeit –, kam also nicht ohne Vor-warnung. Die Stimmung in der Partei rutschte jedoch in den Keller, zumal Schillers öffentlich verkündete Mahnungen im Einklang mit der Hauptlinie der Wahlstrategie von CDU und CSU lagen.

Bald kam der nächste Schlag: Am 2. Juli 1972 kündigte Karl Schiller seinen Rücktritt als Minister an, am 7. Juli trat er zu-rück, und am 24. September aus der SPD aus. Gemeinsam mit Ludwig Erhard, dem früheren Bundeswirtschaftsminister und Bundeskanzler (CDU), agitierte er in Anzeigen weiter.

»Die wollen gar nicht gewinnen«

Das war eine dramatische Entwicklung. Aber sie hinderte uns nicht an der Vorbereitung des Wahlkampfes für einen Wahltag, der noch nicht feststand. Um Pfingsten 72 herum zog ich mich mit Familie und drei Freunden in ein kleines Nest in der oberen Provence zurück. Dort entstanden die Umrisse und wichtige Teile des Drehbuchs für den Wahlkampf der SPD. Zurückgekommen fügten wir in Bonn die Kampagnenideen aus der Provence mit denen der Agentur ARE zusammen.

Am 21. Juni verschickte ich nach vorheriger Ab- und Rücksprache mit dem Bundesgeschäftsführer der SPD, Holger Börner, je ein Exemplar dieses Drehbuchs an Willy Brandt, seine Stellvertreter Heinz Kühn, Helmut Schmidt und Herbert Wehner und an den Schatzmeister Alfred Nau.

Am Nachmittag des 8. Juli, einem Samstag, ließ Willy Brandt mich in seine Wohnung auf dem Bonner Venusberg kommen, um die Wahlkampfplanung anhand des »Drehbuchs« durchzusprechen. Er hatte alles studiert und sich Gedanken gemacht, lehnte einiges ab, korrigierte, ergänzte und akzeptierte. Und er hat mutige, durchaus riskante Entscheidungen für die Themen und Konflikte des Wahlkampfes getroffen. Zum Beispiel, dass die SPD selbst den Begriff »Demokratischer Sozialismus« besetzt und dies nicht der Rechten überlässt. Zum Beispiel, dass sich die SPD die massive Intervention des »Großen Geldes« in den Wahlkampf nicht gefallen lässt und daraus einen zentralen Konflikt im Wahlkampf macht. Zum Beispiel, dass der Umweltschutz und die Verbesserung der Lebensqualität ein zentrales programmatisches Thema sein soll, also nicht nur Ostpolitik, wie von den Geschichtenschreibern immer wieder behauptet wird.[7]

An diesen hoch effizienten Durchgang des Entwurfs der Wahlkampagne mit Entscheidungen über komplizierte und riskante Kampagnen werde ich regelmäßig dann erinnert, wenn ich die Vorwürfe gegen Brandt lese: Er meide das Aktenstudium, sei ein Träumer und Zauderer, Willy Wolke … So ein ausgemachter Quatsch, der sich nur in der Welt halten konnte und kann, weil alle das Gleiche erzählen und nachplappern. Ich hatte ja schon mehrmals erlebt, mit welch enormer Intelligenz, mit welcher Umsicht, Fantasie und konstruktiver Freundlichkeit Willy Brandt ausgezeichnet war. An jenem Nachmittag fand ich alle meine positiven Vorurteile bestätigt. Auf der Basis dieses Gesprächs konnten wir an die Arbeit gehen. Die Notiz, mit der ich Holger Börner vom Gesprächsergebnis berichtete, ist im Anhang abgedruckt.

Am Ende des Gesprächs erzählte ich Willy Brandt, dass ich weder vom Schatzmeister Nau noch von seinen Stellvertretern Schmidt, Wehner und Kühn irgendetwas zum »Drehbuch« gehört hätte, weder negativ noch positiv. Willy Brandt meinte dazu, darauf brauche ich nicht zu warten, denn »die wollen gar nicht gewinnen«.

Diese Einschätzung wurde durch einige weitere Begebenheiten im Laufe des Wahlkampfes bestätigt. Die engere Führung der SPD, außer Brandt selbst und dem Bundesgeschäftsführer, hatten die Wahl schon aufgegeben. Bei manchen musste man annehmen, dass sie Willy Brandt die Niederlage gönnten und sie sich wünschten, dass damit die Episode Brandt erledigt sei:

- Das Oberhaupt der sogenannten »Kanalarbeiter« Egon Franke sagte Brandt ins Gesicht, nach der Wahl werde abgerechnet.

- In Helmut Schmidts Ferienhaus am Brahmsee versammelten sich mitten im Wahlkampf führende Vertreter des konservativen Teils der SPD, um über die Zeit nach der Wahl zu beraten. Peter Merseburger schreibt dazu eine ziemlich komische Begründung: »Besorgt, dass weitere Übertritte erfolgen könnten und ein neues Misstrauensvotum möglich würde, lädt Schmidt im August 1972 einige ›Rechte‹ in sein Ferienhaus ...« Die zitierte Besorgnis ist die reine Erfindung. Niemand, auch nicht die CDU, hat in dieser Phase des Wahlkampfes an die Wiederholung des Misstrauensvotums gedacht. Willy Brandt hat das Treffen am Brahmsee realistischer gesehen: Während die einen mit ihm zusammen den Wahlkampf vorbereitet hätten, beschäftigten sich die anderen bereits mit den Folgen einer möglichen Niederlage. So berichtet auch Merseburger mit Berufung auf die Quelle Hans-Jochen Vogel:[8] Brandt fand die rechte Flügelbildung nicht in Ordnung, wie er auch Flügelbildung auf der linken Seite kritisierte.

- Annemarie Renger, spätere Bundestagspräsidentin und damals eine führende Frau des rechten Flügels, beschwerte sich über die Verwendung des Begriffes Demokratischer Sozialismus in einer Rede Willy Brandts zu Ehren von Kurt Schumacher und in Anzeigen der SPD im Bundestagswahlkampf. Sie streute damit Sand ins Getriebe, denn es war bedachte und besprochene Strategie, diesen Begriff selbst zu besetzen und dies nicht der CDU/CSU und ihren Helfern zu überlassen.

- Das Präsidium der SPD, also die Führungsgruppe, musste sich auf Geheiß der rechten Flügelleute mitten im Wahlkampf mit so albernen Fragen wie der Aberkennung des Namens »sozialdemokratisch« beim SHB, dem Sozialdemokratischen Hochschulbund, beschäftigen.

- Das Präsidium stoppte auf Betreiben der Rechten in der SPD die Auslieferung einer Informationsschrift der Jusos zur

»Kandidatenaufstellung als Chance innerparteilicher Veränderung und Mobilisierung«. Diese Schrift war nichts weiter als eine legitime Information und Handlungsanweisung zur Aufstellung von Kandidaten. Aber das störte die Rechten in der SPD, weil sie um ihre Mandate bangten.

■ Und noch als die Wahlkampfkonzeption schon stand und jedem klar sein musste, dass Neuwahlen im Herbst unumgänglich waren, beschäftigte sich das Präsidium mindestens zweimal im Juli und sogar noch im August mit der Tagesordnung des ursprünglich geplanten, aber inzwischen zum Phantom gewordenen ordentlichen Parteitags der SPD am 2. Dezember 1972. Willy Brandt wies auf diese Absurdität hin.

Das alles zusammen war pure Obstruktion. Ich bewunderte damals Brandts Energie, trotzdem zu kämpfen. Und ich bewunderte sie noch mehr, nachdem ich von Helmut Schmidts politischer Erpressung nach dem Rücktritt von Karl Schiller als Superminister erfahren hatte. Die SPD war nun ohne Aushängeschild für den wichtigen Politikbereich Wirtschaft und Finanzen. Das war sehr gefährlich, weil deutlich erkennbar war, dass auf diesem Feld der Hauptangriff der Union gefahren werden würde. Willy Brandt bat deshalb Helmut Schmidt, der sich in diesem Bereich auskannte, diese Aufgabe zu übernehmen. Wohl gemerkt: Diese Bitte wurde ja nicht im persönlichen Interesse des Bundeskanzlers und Parteivorsitzenden alleine, sondern auch im Interesse der SPD geäußert. Nicht nur Brandt stand am Beginn eines schwierigen Wahlkampfs. Helmut Schmidt verknüpfte seine Zusage mit der Forderung, dass Brandt seine unmittelbaren Mit- und Zuarbeiter, den Chef des Bundeskanzleramtes Horst Ehmke und den Regierungssprecher Conny Ahlers, aus seinem direkten Umfeld entlassen müsse. Willy Brandt hat diese Bedingung akzeptiert. Ein großer Fehler, aber er hatte keine Wahl. Denn hätte die SPD als Ersatz für Professor Karl Schiller gleich im Juli keine fachlich versierte Person für den Bereich Wirtschaft und Finanzen präsentiert, dann wäre das eine gefährliche Hypothek für den Wahlkampf gewesen: eine offene Flanke für die Union.

An dieser Stelle ist eine Bemerkung zu der aus meiner Sicht stattfindenden Treibjagd und ihren Methoden angebracht: Die Forderung Helmut Schmidts zielte in der Konsequenz darauf, den Konkurrenten Brandt weniger leistungsfähig zu machen – weniger leistungsfähig im Regierungsgeschäft durch Entfernung des durchsetzungsfähigen Horst Ehmke. Und weniger leistungsfähig in der Presse- und Öffentlichkeitsarbeit. Sowohl Ahlers als auch Ehmke waren wichtige Bindeglieder zu den Medienvertretern, heute würde man sagen: Spindoktoren.

Und noch eine Anmerkung zur aktuellen Geschichtsschreibung ist festzuhalten. In einigen Büchern, wie zum Beispiel dem von Gunter Hofmann[9], wird die politische Erpressung fälschlicherweise auf die Zeit nach der gewonnenen Wahl am 19. November verlegt. Dann wäre es eine einfache Forderung gewesen, die Brandt nach der gewonnenen Wahl relativ leicht hätte beiseite schieben können.

Der Wahlkampf war aber nicht nur belastet von dem Patt im deutschen Bundestag, vom Rücktritt des Ministers Schiller und vom erkennbaren Desinteresse eines Teils der SPD-Parteiführung am Erfolg. Anfang September wurde die israelische Olympiamannschaft in München überfallen. Und dann kam die schwierige Operation zur Auflösung des Bundestages. Um dies möglich zu machen, mussten die Kabinettsmitglieder im Bundestag darauf verzichten, sich das Vertrauen auszusprechen.

Angesichts dieser Schwierigkeiten hatten Brandt und ich schon beim Gespräch am 8. Juli vereinbart, dass wir den Tag der Parlamentsauflösung zu einem Paukenschlag der Informationsarbeit zur Leistungsbilanz der Bundesregierung nutzen

(Siehe im Anhang Ziffer 4. in den Notizen zur »Besprechung bei Willy Brandt am 8.7.1972«.) Überraschend bekamen wir dann »Wahlhilfe« von Franz Josef Strauß. Er regte sich am Rednerpult des Deutschen Bundestages für alle Welt sichtbar über das SPD-Flugblatt »Wort gehalten« auf und gab damit das Signal an die SPD-Mitglieder und Sympathisanten, dieses in hoher Auflage gedruckte Dokument zu verteilen. Ab da ging es bergauf. Aber ein Selbstlauf oder ein leichtes Spiel war es wirklich nicht. »Brandt gewann spielend«[10] – eine solche Feststellung gibt Rätsel auf.

Ein harter Kampf – für Brandt und die SPD

Brandt war ein perfekter Wahlkämpfer, vor allem ein grandioser Menschenfischer. Und dies war entscheidend für den Wahlkampf. Die SPD brauchte zur Überwindung der auch damals vorhandenen Medienbarriere und zur Überwindung der massiven Kampagne der anderen Seite sehr viele, Hunderttausende von Menschen, die den Mund aufmachten, mit andern argumentierten. Dabei spielten die Mitglieder der SPD eine große Rolle. Viele kamen damals hinzu und alle zusammen haben Tag und Nacht gekämpft, argumentiert, Aufkleber verteilt, Plakate geklebt, sich zu ihrer politischen Gesinnung bekannt und mit anderen darüber gesprochen. Das war ein entscheidender Schritt zum Aufbau einer Gegenöffentlichkeit, wie wir das damals zum ersten Mal nannten.

Die SPD hat ihre Mitglieder und Sympathisanten mit einem Strauß von Informationsblättern und Anzeigen unterstützt. So erschien zum Beispiel an jedem Werktag in der *Bild*-Zeitung eine Kleinanzeige, 45 Mal immer ein neuer Text unter der Überschrift »Wichtige Nachricht für unsere Freunde.«

Viel Unterstützung kam auch von der Sozialdemokratischen Wählerinitiative. Günter Grass war der Anführer. Hinter ihm haben sich bekannte Künstler und Intellektuelle geschart. Das war eine tolle Sache. Aber auch hier verschiebt die Geschichtsschreibung die Akzente ungebührlich.[11] Hans-Joachim Noack zum Beispiel meint, eine »außerordentlich große Ermutigung« sei Willy Brandt vor allem in den »Kreisen der Geisteselite zuteil geworden«. Und diese hätten dann die »eher zurückhaltenden Deutschen« beflügelt. Wie andere Au-

SPD Wichtige Nachricht für unsere Freunde.

10

Politik mit Menschen – für Menschen

Liebe Freunde!

Von Strauß stammt die bemerkenswerte Feststellung, daß man mit politischen Programmen keine Wahl gewinnt.

Und in der Tat, die CSU/CDU hält sich getreulich daran. Hier ihr Rezept, das wir durchschauen müssen:

● Die Union gibt sich „reformscheinheilig". Sie spricht jetzt gerne von „Plänen" aller Art und läßt Katzer oder die Junge Union fortschrittliche Masken tragen.

● Daneben wird der Versuch der Diffamierung der Sozialdemokraten vorgenommen. Das besorgt der „Bayernkurier" von Strauß.

● Und schließlich: Die CSU/CDU setzt auf Angstmache.

Dagegen freilich fehlt ihr das Wichtigste!

Das sind:
● Menschen, die nicht heimlich tun, mit ihrem Bekenntnis zur Reformpolitik von Willy Brandt.

● Menschen, die im Wahlkampf unentgeltlich Nächte und Urlaubstage opfern.

● Menschen, die das ehrliche Gespräch suchen und überzeugen können. Weil sie glaubwürdig sind.

● Menschen, die sich gegen die -Millionen von Barzels Hintermannschaft stellen.

Wir Sozialdemokraten machen Politik mit Menschen für Menschen. Darin lassen wir uns nicht unterkriegen.

Ihr

Holger Börner
SPD-Bundesgeschäftsführer

10. Oktober 1972

toren auch wird vor allem gesehen, was sich in den eigenen Kreisen abspielt. Die Aktivitäten der SPD-Mitglieder und der Ortsvereine und der mit ihnen verbundenen Familien und Arbeitskollegen wird in den historischen Abhandlungen über den Wahlkampf 72 nicht annähernd realitätsnah gewürdigt.

Deutsche Arbeiter!

Die SPD will euch eure Villen
im Tessin wegnehmen

Willy Brandt war fest in seiner Partei verankert, was bis heute nachwirkt. Die damals anfangs circa 840 000 und am Jahresende 1972 rund 954 000 Mitglieder waren das Rückgrat des Wahlkampfes. Dazu kam dann der überwältigende Zustrom von Sympathisanten von außerhalb. Bei der Mobilisierung vieler dieser Menschen hat sich die Sozialdemokratische Wählerinitiative (SWI) großartig bewährt.

Einen Künstler und seine aufklärende Vorarbeit sollte man in diesem Zusammenhang wahrlich nicht vergessen: Klaus Staeck. Der Heidelberger Grafiker hat mit seinen Plakaten, Aufklebern und Postkarten schon lange vor dem eigentlichen Wahlkampf die öffentliche Debatte belebt. Viele werden sich noch an das Plakat erinnern, das die Agitation gegen eine gerechtere Verteilung der Einkommen und Vermögen auf die Schippe nahm (links oben).

Die SPD verdankte Klaus Staeck auch die Idee zur Schlagzeile für eine doppelseitige Schlussanzeige im *Spiegel*. Ich hatte ihm beim heimischen Abendbrot davon berichtet, der *Spiegel* habe allen Parteien eine Doppelseite in der Ausgabe der letzten Woche vor der Wahl geschenkt. Sein spontaner Vorschlag für die Schlagzeile: »Im Himmel CDU. Auf Erden SPD.« Das passte wunderbar zur inzwischen gelassenen Stimmung.

Als die Schlussphase des Wahlkampfes mit einem Parteitag in Dortmund am 12. Oktober 1972 eingeläutet wurde, hatte Brandt schon ein sehr gutes Gefühl. Dort ahnten wir, dass wir gewinnen würden. Die Stimmung hatte sich aufgrund der massiven Wahlkampfarbeit zwischen 20. September und Anfang Oktober deutlich verändert. Ein bisschen davon erkennt man an einem Foto, das am Ende der Pressekonferenz zum Par-

teitag geschossen wur-
de. Willy Brandt macht
nicht den Eindruck von
Verzagtheit.

Er hat dann am
nächsten Tag eine ein-
drucksvolle Rede gehal-
ten. Mit ihr, vor allem
mit der Anregung, mit-
zufühlen, mitzuleiden,
sich um andere Men-
schen zu kümmern, er-
reichte Willy Brandt

*Willy Brandt und Albrecht Müller nach einer
Pressekonferenz am 11. Oktober 1972*

Menschen, die ihre Hoffnung in die Politik schon aufgegeben hatten, und auch solche aus christlichen Kreisen. Damit hat Willy
Brandt Brücken zu Menschen geschlagen, die bis dahin noch nie
etwas mit der Sozialdemokratie zu tun hatten.

Wenn man die Literatur über diesen Wahlkampf liest, muss
man den Eindruck gewinnen, dass den Historikern wie auch
den Journalisten das Wahlkampfengagement sowohl Brandts
als auch der SPD fremd und unangenehm ist. Anders kann man
die Missachtung der Rolle der Mitglieder und überhaupt die
Missachtung der Bewegung, der Mobilisierung von so vielen
Menschen nicht verstehen, auch nicht die Behauptung, dass
das Ergebnis quasi vom Himmel gefallen sei.

Ein totgeschwiegener Putschversuch

Noch etwas fällt auf: Die massive Intervention wirtschaftlich mächtiger Gruppen und Personen in diesem Wahlkampf ist den Geschichtsschreibern meist nur ein paar Zeilen wert, wenn überhaupt. Dabei haben die über hundert einzelnen und meist anonymen Anzeigen gegen die SPD und die dafür ausgegebenen rund 34 Millionen DM zunächst einmal Eindruck gemacht. Und sie haben dann später, entgegen der geplanten Absicht, Willy Brandt und der SPD sehr geholfen. Das kam nicht von alleine. Wir haben den Putschversuch des Großen Geldes selbst zum großen Thema des Wahlkampfes gemacht. (Siehe im Anhang Ziffer 8 der Notizen zur »Besprechung bei Willy Brandt am 8.7.1972«.)

Die hinter der Union steckenden und teilweise weiter rechts verorteten Wirtschaftskreise, die zwanzig Jahre lang die Kanzlerschaft der Union genossen hatten, wollten den Betriebsunfall von 1969 korrigieren. Das sollte zunächst zusammen mit der Union mit der Abwerbung von Abgeordneten bewerkstelligt werden. Als dies beim konstruktiven Misstrauensvotum am 27. April 1972 nicht gelang, wurden nach Schätzungen der Werbeagentur ARE mindestens 34 Millionen DM in einen Krieg mit Anzeigen gesteckt. Praktisch jeden Tag fanden sich diese zum großen Teil unsachlichen Machwerke in den deutschen Blättern. Man muss wissen, dass damals Zeitungen und Zeitschriften noch eine größere Rolle gespielt haben als heute. Vier Tage vor der Wahl zum Beispiel, am 15. November 1972, waren allein in der *Bild*-Zeitung acht dieser Anzeigen, die von bis dahin unbekannten Gruppen aufgegeben worden waren, meist anonym und mit Postfachanschrift. Hier sind drei Exemplare abgedruckt, im Anhang noch ein paar mehr.

Insgesamt sind die mehr als hundert verschiedenen Anzeigen jeweils in mehreren Blättern erschienen und – teilweise auch dezentral – von finanzstarken Gruppen bezahlt worden.

Bereits während der Landtagswahl in Baden-Württemberg im April 1972 hatte es eine Kampagne anonymer Gruppen gegeben. Die baden-württembergische SPD hatte nicht den Mut, sich dagegen zu wehren. Willy Brandt hatte den Mut. Die SPD kam in mehreren eigenen Tageszeitungsanzeigen auf das Thema zu sprechen und fragte zum Beispiel: »Anonyme Millionen fließen für Barzel: Was hat er dafür versprochen?« Oder: »Warum einige Großindustrielle Barzels Wahlkampf finanzieren.« Die SPD verteilte 5,3 Millionen Exemplare eines Flugblatts mit dem Titel »Das 100-Millionen-Ding« und in vielen anderen Elementen des Wahlkampfes wurden die Wählerin-

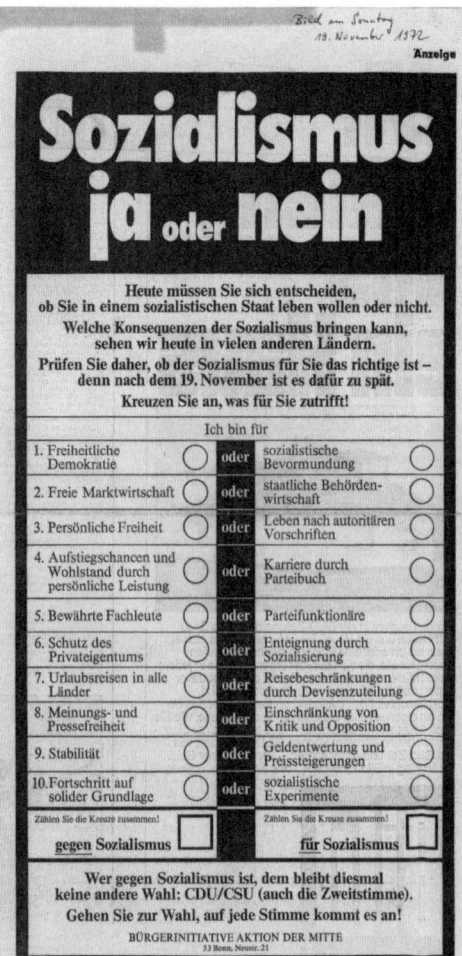

nen und Wähler auf die Kampagne aufmerksam gemacht. Es wurde angeregt, sich gegen die Intervention des »Großen Geldes« zu wehren, die demokratischen Rechte zu verteidigen und sie mit der Wahl wahrzunehmen. Willy Brandt hat in der letzten Fernsehdiskussion, der sogenannten Elefantenrunde am 15. November 1972, vorgerechnet, was alleine die acht Anzeigen in der *Bild*-Zeitung vom gleichen Tag gekostet haben: 450 000 DM. Nach meiner Überzeugung hätte die SPD den Rückstand gegenüber der Union vom September 1972, als diese bei 51 Prozent lag, nicht so überzeugend aufholen können und die Union überholen können, wenn sie den Kampf gegen das »Große Geld« und dessen antidemokratischen Angriff auf die politische Macht nicht aufgenommen hätte.

Nachzutragen bleibt noch, dass die Intervention wirtschaftlicher Kreise in die politische Auseinandersetzung schon einen Vorläufer hatte, allerdings einen mit offenem Visier: Im November 1971 erschien eine ganzseitige Anzeige von Unternehmern und Managern mit der anklagenden Überschrift: »Wir können nicht länger schweigen«, in der vor der Steuerreform- und Vermögenspolitik der SPD gewarnt wurde.

Eine Anmerkung noch zur Fernsehrunde mit Franz Josef Strauß, Walter Scheel, Rainer Barzel und Willy Brandt. Mit Willy Brandt war beim Wahlkampfgespräch am 8. Juli besprochen worden, dass die SPD darauf drängen sollte, dass nicht nur die Spitzenkandidaten Rainer Barzel und Willy Brandt dort auftreten, sondern die Vorsitzenden aller vier Parteien. (Siehe Ziffer 7 der Notiz über die Wahlkampfbesprechung im Anhang.) Das war zum einen loyal und freundlich gegenüber dem Koalitionspartner FDP. Zum anderen bot diese Besetzung den Zuschauern die Möglichkeit zu sehen, dass es hinter dem CDU-Kandidaten Barzel auch noch den CSU-Vorsitzenden Strauß gab.

Jeder zweite Deutsche hat sich dieses Medienereignis ange-sehen. Für mich besonders eindrucksvoll waren einmal mehr die Präsenz Willy Brandts und seine Angriffslust. Ganz Willy Wolke, ganz der Zauderer, ganz der Träumer!

Seit 1969 erlebte ich, wie diese Vorurteile und Etiketten Brandt in und außerhalb der SPD aufgeklebt wurden. Ich habe ja auch für einige andere Spitzenpolitiker gearbeitet, aber ich habe selten jemanden gesehen, der so wach war und so präsent wie Willy Brandt und ein solch bewundernswerter Stratege – in der Politik wie bei Wahlkämpfen.

Der eine sät, die anderen ernten

Am Wahlabend lag die SPD mit 45,8 Prozent knapp vor der Union mit 44,9 Prozent der Zweitstimmen. Die SPD konnte das Amt des Bundestagspräsidenten besetzen. Wenige Tage später fuhr ich mit meiner Familie in einen Kurzurlaub in die Ortenau. Als ich zurückkam, begrüßte mich der Pressesprecher der SPD Jochen Schulz – wir waren in drei Jahren gemeinsamer Arbeit Freunde geworden – mit der vielsagenden Bemerkung: »Sei froh, dass du nicht hier gewesen bist.«

Jochen Schulz hatte die Koalitionsverhandlungen begleitet und mitbekommen, dass und wie Brandts Stellvertreter in seiner Abwesenheit wichtige Positionen in der Sache und beim Personal an den Koalitionspartner verschenkt hatten. Die FDP hatte drei klassische Ressorts bekommen: wie bisher das Außenministerium, das Innenministerium und obendrein das Wirtschaftsministerium.

Willy Brandt war krank und erholungsbedürftig. Seine Stimme hatte versagt. Die Koalitionsverhandlungen fanden nahezu ohne ihn statt. Herbert Wehner »vergaß« zudem die handschriftlichen Anregungen oder Anweisungen Willy Brandts für die Verhandlungen in seiner Aktentasche!

Umgekehrt hielt sich Willy Brandt an die Zusage gegenüber Helmut Schmidt, Horst Ehmke nicht mehr in seinem engeren Arbeitsbereich, also nicht als Chef des Bundeskanzleramtes, zu beschäftigen. Und auch nach einem neuen Regierungssprecher musste er sich umsehen.

Als Brandt zurückkehrte, war er missmutig wegen der Zuge-

ständnisse in den Koalitionsverhandlungen, die er ohne großen Schaden nicht korrigieren konnte. Und dann machte er
auch noch den Fehler, in seiner Regierungserklärung zur Eröff-
nung der neuen Legislaturperiode am 18. Januar in Tonlage
und Inhalt einen großen Teil seiner Anhänger zu enttäuschen –
die Regierungserklärung hatte nicht andeutungsweise den Biss
von Willy Brandts klaren Positionen im Wahlkampf. Von dieser
Summe von Schwierigkeiten und Fehlern hat er sich nicht
mehr erholt. Willy Brandt war im übertragenen Sinne ange-
schossen.

Die Umstände der Koalitionsverhandlungen, ohne ihn und
zu seinen Lasten, sind rätselhaft. Deshalb sind Anmerkungen
zu diesem gravierenden und rätselhaften Fehler und daran anschließend eine Frage angebracht: Wieso hat ihm keiner aus
der Reihe der Spitzenpolitiker seiner Partei geholfen?

Vorweg ist interessant zu lesen, wie Helmut Schmidt diesen
Vorgang sieht. Er äußerte sich zu den damaligen Koalitionsverhandlungen und ihren Umständen in einem Dossier der *Zeit*
vom 14. November 2013[12]:

»Brandt neigte zu Niedergeschlagenheit. Das Wort Depression ha-
ben wir damals nicht benutzt. Er war dann tagelang nicht an-
sprechbar. Ausgerechnet auf dem Höhepunkt des Erfolgs kam die
Niedergeschlagenheit: nach dem phänomenalen Wahlergebnis
von 1972. Wehner und ich wussten von Brandts Zustand. Er be-
auftragte uns beide damit, das Kabinett zu bilden. Brandt hat das
Kabinett dann so übernommen, wie wir es ihm hingestellt haben.
Man hat uns später vorgeworfen, wir hätten die Regierung nach
unseren Interessen gebildet. Da ist sicherlich was Richtiges dran,
aber Brandt hat es so gebilligt.«

Das ist eine sehr interessante Einlassung. Kann man so miteinander umgehen? Es wird wohl so gesehen. Der Konkurrenz-
kampf in der Politik ist offensichtlich äußerst hart.

Der aus meiner Sicht größte Fehler Willy Brandts in dem beschriebenen Zeitabschnitt war, dass er die Koalitionsverhandlungen beginnen ließ, als er nach der gewonnenen Wahl ins Krankenhaus musste. In dieser Phase hatte er in der Öffentlichkeit und innerhalb seiner Partei ein so großes Ansehen, dass er zweierlei hätte auf jeden Fall machen können: Er hätte ins Krankenhaus gehen und verfügen können, dass vor seiner Genesung keine Verhandlungen stattfinden. Und dann hätte er für die Zeit nach seiner Genesung eine Sitzung des Parteivorstandes der SPD oder sogar des Parteirates, also des kleinen Parteitages, anberaumen können und dort beschreiben müssen, wie mangelhaft die Unterstützung des engeren Führungszirkels im Wahlkampf war.

Willy Brandt hätte außerdem seinem Stellvertreter Helmut Schmidt in aller Freundschaft erklären müssen, dass er sich nach diesem vor allem vom ihm erkämpften Wahlerfolg selbst aussuchen wird, wen er als Chef des Bundeskanzleramtes beschäftigen oder weiter beschäftigen wolle und wer sein Pressesprecher wird beziehungsweise bleibt. Damit hätte er sich wahrscheinlich zum einen den Zorn seines Stellvertreters Helmut Schmidt und zum andern dessen Achtung und Respekt verschafft.

Außerdem hätten die Mitglieder des Vorstandes und des Parteirates Bescheid gewusst über das, was während des Wahlkampfes abgelaufen ist. Brandt hätte auch offen die weitere Gruppenbildung in der SPD, nämlich die linken Kreisbildungen wie auch das Treffen am Brahmsee und die anderen Aktivitäten zur Gründung des rechten Seeheimer Kreises thematisieren sollen – nicht notwendig verbunden mit Forderungen nach Konsequenzen, aber zur Information und zur Klarstellung. Damit hätte er vermeiden können, dass es ab da mit ihm, mit seinem Ansehen und der Rücksicht seiner Kolleginnen und Kollegen in der Führung der SPD bergab ging.

Übrigens: Der Gedanke, sich nicht an die Helmut Schmidt gegebene Zusage vom Juli 72 zu halten, war Willy Brandt nicht fremd. Er hat in seinen *Erinnerungen* selbst vermerkt: »Ich hätte mich, nach diesem Wahlausgang, an die einmal gegebene Zusage besser nicht gehalten und Ehmke belassen, wo er hingehörte – in die Zentrale.«[13]

Die Bedeutung von PR und Spindoctoring nicht ausreichend erkannt

Willy Brandt hat akzeptiert, dass Horst Ehmke als Chef des Bundeskanzleramtes und Conny Ahlers als Chef des Bundespresseamtes und Regierungssprecher auf Wunsch von Helmut Schmidt gehen mussten. Bei beiden war das auch deshalb schlecht für Brandt, weil sie als Spindoktoren wichtig für Brandt waren. Beide hatten ein relativ gutes Händchen beim Umgang mit Journalistinnen und Journalisten. Der Nachfolger von Horst Ehmke als Chef des Bundeskanzleramtes, Horst Grabert, war zwar in seiner Arbeit als Chef des Bundeskanzleramtes ziemlich komplett verkannt. Er war sehr viel besser als sein Ruf. Aber er war kein besonders attraktiver Gesprächspartner für Journalisten. Da war Horst Ehmke um vieles geeigneter, interessanter, freundlich und ein Bulldozer zugleich. Das fehlte.

Der Ersatz für den Regierungssprecher Ahlers war einfach ungeschickt und ein Fehler mit Folgen: Regierungssprecher wurde ein Mitglied der FDP, Rüdiger von Wechmar, Dodel, wie Freunde ihn nannten. Er war ein liebenswürdiger Mensch und auch angesehen bei Journalisten. Aber er hätte auch die zweite Funktion des Bundeskanzlers, nämlich die des Vorsitzenden seiner Partei, vertreten müssen. Das konnte man von einem FDP-Mitglied beim besten Willen nicht verlangen. Die beiden Funktionen waren aber nicht zu trennen. In jedem Presse-Hintergrundgespräch der vielen Bonner Journalistenzirkel kamen ja nicht nur die Entscheidungen und das Denken der Bundesregierung zur Sprache, sondern immer auch gleichzeitig parteiliche Fragen. Und je mehr Unruhe in einer Partei wie der SPD ist, umso mehr muss der Sprecher des Bundeskanzlers auch bei diesen Gelegenheiten sprachfähig sein und überzeugen und motiviert sein zu überzeugen.

Diese Zusammenhänge und Notwendigkeiten hat Willy Brandt bei seiner Entscheidung für Rüdiger von Wechmar nicht bedacht. Oder nicht beachten können? Darüber will ich nicht richten. Aber die Entscheidung war ein gravierender Fehler. An einem kleinen Detail kann ich das noch belegen. Fast jeden Freitag, jedenfalls wenn Willy Brandt in Bonn war, trafen wir uns im kleinen Kreis zum Mittagessen im Kanzlerbungalow. Selbstverständlich hätte in diesen Kreis der Regierungssprecher gehört. Denn dort wurden vornehmlich Fragen der Regierung besprochen und dann auch die Verknüpfung mit der führenden Regierungspartei. Rüdiger von Wechmar war nicht dabei.

Willy Brandt hatte auch keinen ausreichend großen Kreis von Ersatz-Spindoktoren aufgebaut. Helmut Schmidt hingegen hat das meisterhaft arrangiert. Er verfügte über einen Zirkel von ihm sehr wohl gesonnenen Journalisten. Das ist bewundernswert. Er war zudem dann in der Regierungszeit mit Klaus Bölling, seinem Regierungssprecher, bestens unter den Journalisten verankert. Und sein Chef des Bundeskanzleramtes in der Phase 1974 bis 1980, Manfred Schüler, tat nicht nur dem Amt gut. Er war auch eine gute Anlaufstelle für Journalisten, zusätzlich und in stillem Einvernehmen mit dem Regierungssprecher. Hand in Hand. Diese Konstellation war eindeutig besser als die Führungsspitze bei Brandt nach 1972.

Später hat das bei Helmut Schmidt dann auch nicht mehr so gut geklappt. Auch er hatte ab Dezember 1980 mit Kurt Becker von der *Zeit* einen Regierungssprecher, der erstens den Journalisten jeden Tag zeigte, wie gut Klaus Bölling war, und den zweitens mit der stärksten Regierungspartei, der SPD, nicht einmal eine Hassliebe verband, einfach nur Hass und Verachtung. Das konnte nicht gut gehen.

Wie wichtig die politische und persönliche Nähe des Regierungssprechers zum Bundeskanzler ist, erkennt man, wenn man an die wirklichen Konstellationen denkt: Angela Merkel ohne Steffen Seibert, nicht gut denkbar; Helmut Schmidt ohne Klaus Bölling, weniger als die halbe Miete; Gerhard Schröder ohne Uwe-Karsten Heye, auch nicht so gut. Der Sprecher ist ungemein wichtig für den Erfolg eines Bundeskanzlers.

Das wusste eigentlich auch Willy Brandt; er hätte deshalb seine Zusage an Helmut Schmidt vom Juli zurückziehen müssen. Aber offensichtlich fehlte ihm die Kraft. Dafür spricht seine eigene Einschätzung in den *Erinnerungen*[14]: »Zum anderen kam die regierungsinterne Balance durch Abmachungen ins Rutschen, die während meiner Krankheit getroffen wurden und die zu korrigieren über meine geschwächte Konstitution ging.«

Hat denn außer ihm keiner in der SPD-Spitze gemerkt, dass sich Brandt im Wahlkampf aufgeopfert hat und er wirklich krank war? Seine oben zitierte Aussage lässt vermuten, dass er nicht einmal die körperliche Kraft hatte, den Beginn der Koalitionsverhandlungen auszusetzen. Warum hat ihm in dieser schwierigen Lage eigentlich niemand mit Gewicht im Parteivorstand der SPD geholfen? Heinz Kühn, der nordrhein-westfälische Ministerpräsident beispielsweise, oder der Schatzmeister Alfred Nau? Warum nicht Hans-Jochen Vogel oder Walter Arendt? Oder Erhard Eppler oder Diether Posser oder Johannes Rau und andere Vorstandsmitglieder? Ich will niemanden anklagen, aber ich frage mich, warum keiner aus reinem menschlichen Anstand einfach sagte: »Leute, wartet, bis Willy wieder gesund ist. Wir haben keine Eile. Die alte Koalition arbeitet weiter. Nichts brennt an.« Mit dem Beginn der Koalitionsverhandlungen ohne den Wahlsieger wurde blitzschnell demonstriert: Die Macht hat sich verschoben, trotz Wahlsieg. Wir, die Stellvertreter, sind die Neuen, stellt euch darauf ein.

Der ungeliebte Konkurrent

Der »passive Widerstand«, den führende Genossen Willy Brandt gegenüber an den Tag legten, war nicht neu. Schon 1969 wollten seine Stellvertreter lieber auf das Kanzleramt verzichten, als Brandt den Vortritt zu lassen. Damals wollten Wehner und Schmidt die Große Koalition fortsetzen, obwohl ein Wechsel greifbar und machbar war.

In den Medien und in der Geschichtsschreibung wird erstaunlich zurückhaltend über diese Konstellation und die Absicht der beiden berichtet. Das ist ein wirkliches Phänomen. Noch heute fasziniert mich, dass es möglich war, dass verantwortliche Sozialdemokraten damals nicht den Zipfel der Macht ergreifen wollten. Die SPD hatte mit Brandt seit seiner ersten Kandidatur 1961 beständig zugelegt. Jetzt sollte der Sprung ins Kanzleramt gelingen. Das war vieler Menschen Hoffnung. Es stand Spitz auf Knopf, nicht nur bei den Wählerinnen und Wählern, auch in der SPD-Parteiführung.

Am Abend der Wahl am 28. September 1969 sah es zunächst so aus, als hätte die Union die absolute Mehrheit erreicht. Sie feierte und der amerikanische Präsident Nixon gratulierte dem vermeintlichen Wahlsieger Kurt Georg Kiesinger. In der Nacht erst deutete sich an, dass es auch für eine sozialliberale Koalition und damit für die sozialdemokratische Kanzlerschaft reichen könnte. Willy Brandt nutzte die Chance und verkündete die Verabredung mit dem FDP-Vorsitzenden Walter Scheel, eine sozialliberale Koalition bilden zu wollen. So handelt ein Zauderer!

Ohne Willy Brandts schnelle Entscheidung und ohne die Überrumpelung seiner beiden Stellvertreter Wehner und Schmidt wäre die Kanzlerherrschaft der CDU/CSU auch nach zwanzig Jahren weitergegangen. Im konkreten Fall hatte Brandt die Weichen für diese Koalition schon vorher gestellt. Er hatte den liberalen und bürgerlichen Gustav Heinemann als Bundespräsident vorgeschlagen und durchgesetzt. Das war eine Brücke zur FDP.

Er hatte mit dem FDP-Vorsitzenden Walter Scheel vor der Wahl über die mögliche Koalition gesprochen. Walter Scheel hatte mutig zu erkennen gegeben, dass seine Partei diesmal mit den Sozialdemokraten zusammengehen wolle. Das kostete die FDP viele Stimmen. Sie landete mit 5,8 Prozent auf einem bedenklich niedrigen Niveau. Entsprechend war die Stimmung in der FDP und bei Walter Scheel. In dieser Situation versuchte Willy Brandt in der Wahlnacht den FDP-Vorsitzenden zur Koalitionszusage zu gewinnen. Walter Scheel zögerte und verwies auf die Schwierigkeiten mit dem nationalkonservativen Flügel seiner Partei. Einer der Anführer dort war der Bayer Josef Ertl. Willy Brandt alarmierte deshalb in der Nacht den SPD-Landesvorsitzenden Volkmar Gabert in München. Von ihm wusste er, dass er Josef Ertl kannte. Wie Harry Walter, der Chef der Werbeagentur der SPD, erzählte, rief Gabert Ertl an und sagte ihm, dass er im Auftrag von Brandt und Scheel dafür werbe, dass auch er, Josef Ertl, bei der neuen Koalition mitmache. Als dies wenig half, bot ihm der verzweifelte Gabert – auf eigene Kappe – an, dass er dann Minister werden könne. »Ja, wenn's so ist, wenn'st moanst«, meinte Josef Ertl, »dann kannst dem Brandt sagen, dass ich mitmach.« Selbst wenn diese Geschichte erfunden wäre, wäre sie sehr treffend.

Ertl wurde Bundeslandwirtschaftsminister. Willy Brandt pflegte diesen Flügelmann der rechten FDP über alle Maßen. Zwischen 1969 und 1972 hat er für die Landwirte und ihre Fa-

milien viel Gutes bewirkt: ihre Einbeziehung in die Krankenversicherung, was es vorher nicht gab, die Verbesserung des
Altengeldes, und so weiter. Josef Ertl hielt im Gegenzug loyal
zu Brandts Regierung.

Peter Brandt, Willy Brandts ältester Sohn und Professor für
Geschichte, hat in einem schönen Buch über seinen Vater kritisch angemerkt, dieser habe in der Wahlnacht des 28. September 1969 kein Vieraugengespräch mit Wehner – ergänzend
muss man anmerken: auch nicht mit Helmut Schmidt – gesucht und ihn stattdessen vor die vollendete Tatsache gestellt,
mit der FDP eine sozialliberale Regierung zu bilden.[15] Mir als
Bürger dieses Landes und als betroffener Mitarbeiter in Bonn
ist jedes Verständnis dafür abgegangen, die Chance zum Kanzlerwechsel *nicht* zu ergreifen und stattdessen die Große Koalition fortzusetzen. Sehr ähnlich sieht das übrigens Egon Bahr.[16]

Weil Willy Brandt wusste oder zumindest ahnte, dass seine
beiden Stellvertreter wegen der überaus knappen Mehrheit
von zwölf Stimmen in der Präsidiumssitzung des nächsten
Morgens die Chance zerreden könnten und selbst versuchen
würden, die öffentliche Meinung im Sinne einer Großen Koalition zu prägen, hat er auf ein Vieraugen- oder ein Sechsaugen-
gespräch intuitiv richtig verzichtet. Außerdem: Wie hätte er
die beschriebene komplizierte Operation, in der Nacht auch
noch den rechten Flügelmann der FDP zu gewinnen, schaffen
sollen? Wenn Volkmar Gabert dem Josef Ertl gesagt hätte, die
SPD in Bonn weiß nicht, ob sie mit euch koalieren will oder ob
sie mit Kiesinger weiter machen will, dann hätte Ertl mit Recht
den Telefonhörer aufgelegt – und Scheel übrigens auch.

Das Motiv, das Peter Brandt für die Neigung Wehners zur
Großen Koalition anführt, ist ein rein egoistisches Motiv und
hat mit dem großen Ziel einer breiten Öffentlichkeit, nach
zwanzig Jahren CDU-Herrschaft endlich die Wechsel der Kanzlerschaft zu erreichen, um frische Luft ins Land zu lassen,

nichts zu tun. Wehner habe seine »starke Rolle, die er in der Großen Koalition mit Kiesinger und der CDU/CSU besaß, auf einen Schlag« verloren, schreibt Peter Brandt. Der arme Wehner! Peter Brandt ist wirklich sehr großzügig. Das ehrt ihn. Ich kann so großzügig nicht sein, weil der Kanzlerwechsel notwendig war und ich anders als Peter Brandt keine guten Seiten an der Person Herbert Wehner erlebt habe.

Ich erwähne dieses Beispiel, weil darin zum Ausdruck kommt, dass der Maßstab für die Bewertung Willy Brandts in der Geschichtsschreibung verschoben ist zugunsten seiner innerparteilichen Gegner – sogar bei seinem eigenen Sohn. Wenn der angebliche Zauderer Brandt geschickt zugreift, dann hat er seine Partner vor vollendete Tatsachen gestellt. Wenn er auf üble Weise wie 1973 von Wehner in Moskau beleidigt wird (»Der Herr badet gerne lau!«), dann echauffiert man sich nicht über den illoyalen Ausfall gegenüber einem Parteifreund, sondern verweist auf die Schwäche Brandts, der sich das gefallen ließ. Die historischen Werke von Professoren und Journalisten sind voll von Belegen für den verschobenen Maßstab.

Neben Wehner war auch Schmidt Verfechter einer Fortsetzung der Großen Koalition. Verständlicherweise aus eigenem Kalkül. Es war für Beobachter der Szene klar: Wenn Willy Brandt 1969 nicht Bundeskanzler wird, dann tritt er nicht noch einmal an. Schmidt wäre dann der nächste Kandidat gewesen.

Dabei wäre eine Fortsetzung der Großen Koalition ein Vabanquespiel für die SPD geworden. Die Enttäuschung der Anhänger wäre groß gewesen und der Schwung der schon mobilisierten »Außenstehenden«, unter anderem aus Kultur und Wissenschaft, wäre abgeflaut. Im Wahlkampf hatte die SPD das »moderne Deutschland« versprochen und mehr Gerechtigkeit und Bewegung zwischen Ost und West zum Abbau der Konfrontation. Einsichtige Leute hofften auf eine Versöhnung zwischen Alt und Jung nach den Jugendprotesten der 68er. Die notwendige Amnestie der Gesetzesverletzungen bei Demonstrationen und Jugendprotesten wäre in der Großen Koalition nicht oder nur sehr schwer möglich geworden. Die Aufwertung der D-Mark, die zur Eindämmung der Preissteigerungen nötig war, ging mit Kiesinger und der Union nicht. Die Abfolge von Verträgen zur Normalisierung der Verhältnisse mit den Völkern Osteuropas und zum Gewaltverzicht wäre nicht denkbar gewesen.

Im Wahlkampf 1969 hatte die SPD sogenannte Testimonials in die Werbung zur Wahl der SPD und zur Wahl eines sozialdemokratischen Bundeskanzlers eingeführt. Das war eine Innovation und ging zurück auf Harry Walter und die Agentur ARE. Inge Meysel, Hans-Joachim Kulenkampff, Dieter Hildebrandt, Günter Grass, Marianne Hoppe, Peter Frankenfeld, Professor Steinbuch, Hans Clarin, Horst Tappert, Michael Pfleghar, Grethe Weiser und viele andere – auf einer einzigen Anzeige alleine fünfzig solcher Persönlichkeiten – warben für die Wahl der SPD. Der Schlusssatz einer Anzeige mit einem Brief von Showmaster Hans-Joachim Kulenkampff an die SPD-Führung lautete: »Wegen seiner Toleranz, seiner demokratischen Gesinnung, seiner internationalen Erfahrungen und nicht zuletzt seines erwiesenen Verhandlungsgeschicks würde ich mir einen Mann wie Willy Brandt als Bundeskanzler wünschen.« Angesichts der überwältigenden Erwartungen und Emotionen für den politischen Wechsel war es geradezu unvorstellbar, die Große Koalition fortsetzen zu wollen.

Das Motiv des Stellvertretenden Parteivorsitzenden Helmut Schmidt war verständlich, wenn man dessen eigene persönliche Situation betrachtete. Aus dem Blickwinkel des Ganzen ist es nicht zu verstehen. Wenn mit Willy Brandt ein wirklicher Hoffnungsträger zur Verfügung steht, der so viele Leute mobilisieren kann, dann muss man als verantwortlicher Mensch in der zweiten Reihe bleiben können, mit Rücksicht auf das Wohl des Landes und der Gestaltungschance der eigenen politischen Bewegung. Aber in der zweiten Reihe zu bleiben fällt manchen Menschen schwer. Auch die weitere Arbeit zwischen 1969 und 1972, der nächsten, vorgezogenen Wahl, war davon geprägt. Nicht nur von außen, also von Union und Wirtschaft, stürmte es auf den Bundeskanzler ein, auch aus den eigenen Reihen und dem engeren Führungszirkel.

Wehner, der illoyale Machtmensch

Willy Brandt kam in dieser Zeit kaum zur Ruhe – auch wegen der Illoyalität seiner Stellvertreter. Egon Bahr hat in seinen Erinnerungen *Das musst du erzählen*[17] harte Urteile über Herbert Wehner formuliert und diese vor allem an seinen Erfahrungen mit Wehner in der Deutschlandpolitik aufgehängt. Wehner pflegte ein spezielles Verhältnis zu Honecker, dem Generalsekretär der SED. Egon Bahr zitiert den früheren Bundesgeschäftsführer der SPD und Staatsminister Hans-Jürgen Wischnewski mit dessen Eindruck von einem Telefongespräch zwischen Herbert Wehner und Erich Honecker: »Du, nach dem wie der Onkel [Herbert Wehner, der Verf.] gesprochen hat, weiß ich nicht, wo dessen Loyalität liegt.« Ein paar Sätze davor bemerkt Egon Bahr, Herbert Wehner habe mit der anderen Seite gearbeitet, und einschränkend angefügt: »nicht für sie, sondern für sich«. Das war auch mein bestimmender Eindruck von Herbert Wehner während meiner Arbeit für den Parteivorstand der SPD. Herbert Wehner war in dieser Zeit von Dezember 1969 bis Dezember 1972 Fraktionsvorsitzender und zugleich Stellvertretender Vorsitzender der SPD – ein Meister der PR in eigener Sache. Natürlich hat Wehner in seiner Arbeit als Fraktionsvorsitzender viel für die SPD-Fraktion und die Bundesregierung geleistet. Das ist ausreichend gewürdigt worden: Außerdem konnte er gut formulieren und auf den politischen Gegner, meist die CDU/CSU, einschlagen. Das war so richtig nach dem Herz von Menschen, die harte politische Auseinandersetzungen brauchen.

Nach innen, im nicht unwichtigen Bereich der Öffentlichkeitsarbeit und Kommunikation seiner Partei, agierte er destruktiv. Herbert Wehner war im Parteivorstand der SPD quasi für die organisatorische Arbeit der Partei zuständig und auch mit großem Einfluss auf die innere Kommunikation und auf Wahlkämpfe. Das galt zumindest bis zur Ernennung von Hans-Jürgen Wischnewski zum Bundesgeschäftsführer im Jahre 1968 und im Bereich der Organisation auch noch später.

Die innerparteiliche Kommunikation zwischen der Parteiführung und den Ortsvereinen und Mandatsträgern der SPD lief – soweit überhaupt vorhanden – vor allem über eine kleine Zeitung, die man *Bonner Depesche* nannte. Der Titel wurde später von der FDP »geklaut«. Unmittelbar verantwortlich für dieses Medium war, als ich im Dezember 1969 als Leiter der Abteilung Öffentlichkeitsarbeit in der »Baracke« meine Arbeit aufnahm, mein Abteilungsleiterkollege Koch. Er war offensichtlich Wehner sehr zugetan, und er war bedauernswerterweise dem Alkohol erlegen. So richtig nach dem Geschmack von Herbert Wehner, der Abhängigkeiten über die Maßen schätzte und mich hasste, weil er keinerlei Ansatzpunkt fand, mich in Abhängigkeit zu bekommen. Ich war von Wischnewski mit Zustimmung von Willy Brandt eingestellt worden.

Die *Bonner Depesche* war geradezu der Prototyp einer Bleiwüste. Lange Reden der SPD-Spitzen, unter anderem von Herbert Wehner, wurden darin abgedruckt. Und dieses Pamphlet schickte man dann mit hohen Kosten verbunden an die Ortsvereinsvorsitzenden – in der irrigen Ansicht, diese politisch engagierten Leute und meist als Facharbeiter tätigen Funktionsträger hätten nach ihrer Tagesarbeit noch Zeit und Kraft, lange Reden zu lesen.

In der arglosen Annahme, konstruktive Veränderungen würden Widerhall finden und damals noch in Unkenntnis des Wehnerschen Charakterzuges Destruktion, habe ich mich mit

Informationsdienst der Sozialdemokratischen Partei Deutschlands. *intern*

Bonn – 5. Mai 70/No. 1/70

aktuell

<u>Parteitag Saarbrücken: Bisher 815 Anträge</u>

815 Anträge der Parteigliederungen und des Parteivorstandes sind bisher eingegangen und veröffentlicht. Schwerpunkte der Diskussion werden die inneren Reformen (Vermögensbildung, Steuerreform, Mitbestimmung, Presse/Massenmedien, Parteiorganisation) sein. Unumstritten dürfte die Außen- und Deutschlandpolitik der Parteiführung und der Bundesregierung bleiben.

Angriffe der CDU/CSU gegen den Parteitag haben bereits begonnen. Ansatzpunkt: Einige sehr weitgehende Anträge vor allem in Vermögens- und Steuerpolitik. Besonders die CSU versucht, Sozialisierungsgespenst aus der Mottenkiste zu holen.

Die SPD wird sich weiter als Partei der Diskussion profilieren: Die beste Chance, um CDU/CSU schnell abzuschlagen. Vergleiche mit CSU-Parteitag im April machen Unterschiede klar. Dort gab es faktisch keine Diskussion. Selbst die „WELT" sah sich zu der Feststellung genötigt: „Auch in den fünf ‚Diskussionsforen' fand keine Willens- und Meinungsbildung im üblichen Sinne des Wortes statt. Am Tisch saßen CSU-Politiker und einige Gäste, von denen von vornherein sicher war, daß sie nichts Kontroverses sagten. Über die Zusammenfassung in Resolutionsform wurde nicht gesprochen und nicht abgestimmt: Selbstdarstellung mit verteilten Rollen" (13. 4. 1970).

Aus dem SPD-Parteivorstand wurde darauf verwiesen, daß in viele der Anträge ein hohes Maß an Arbeit und Sachverstand investiert worden sei. Eine erste Auswertung habe bereits viele Impulse für die künftige Reformpolitik erkennen lassen. Dort, wo Anträge über das Ziel hinausschössen, würde in der Diskussion um das richtige Augenmaß gerungen. Nur aus der Gegenüberstellung verschiedener Meinungen lasse sich die richtige Lösung finden.

(„intern" No. 1/70, 5. 5. 1970)

<u>In eigener Sache</u>

Dieser Informationsdienst, dessen erste Nummer hiermit vorgelegt wird, soll in der Regel vierzehntägig erscheinen. – „intern" bringt Informationen und Analysen, verfolgt Taktik und Strategie des politischen Gegners und kündigt Vorhaben von Partei und Regierung an. „intern" macht auf wichtige Termine aufmerksam und gibt praktische Hinweise auf nützliche Informations- und Materialquellen. Mehr über Inhalt und Form ergibt sich aus dieser Nummer.

Bei der Erarbeitung der Konzeption dieses Informationsdienstes standen die Erfahrungen mit den Blitzinformationen der Wahlkampfzeit und die Wünsche vieler Parteimitglieder, die sich über mangelnde Kurzinformationen beklagten, Pate.

Diese Nummer geht an alle Bezieher der „bonner depesche". Diese wird eingestellt. Einzelheiten über den Bezug von „intern" und den Ersatz der „depesche" werden in der nächsten Nummer genannt.

Die Redaktion bittet um Anregungen und Kritik. „intern" ist auf Flexibilität angelegt. („intern" No. 1/70, 5. 5. 1970)

meinem Mitarbeiter Axel Raulfs an die Arbeit zu einem neuen Konzept gemacht: Das Produkt unserer Arbeit nannten wir *intern*. Es erschien zum ersten Mal am 5. Mai 1970.

Die Idee war, den Ortsvereinsvorsitzenden und den Mandatsträgern in allen Parlamenten Argumente an die Hand zu geben – in zehn, fünfzehn Zeilen. Meldungen, die exklusiv waren und schon daher nützlich. Vorbild waren Wirtschaftsdienste wie der *Kress-Report*. Hintergründe, Hinweise, Ratschläge, Unbekanntes für die Ebene der Entscheider sollten bereitgestellt werden. Das war neu in der SPD-Organisation: Argumente und Texte dahin zu bringen, wo sie gebraucht werden, nämlich vor Ort – allerdings auch direkt zum Adressaten, »vorbei« an »höheren« Funktionären.

Nicht begeistert waren viele Wichtige oberhalb der Ortsvereine. In der SPD-Bundestagsfraktion raunte man, *intern* sei der direkte Draht von Brandt in die Basis. Ein konkretes Beispiel für den Kampf Wehners gegen Brandts »Beinfreiheit« war seine unverhohlene Meckerei über *intern*. Wehner setzte durch, dass ab 1971 zu den Redakteuren des Parteivorstandes auch noch Schreiber aus der Pressestelle der Bundestagsfraktion zu den Redaktionssitzungen kommen mussten. Das waren Wehners Leute. Sie brachten die üblichen Pressemitteilungen der Fraktion mit, die mühselig in die Kurzfassung des *intern*-Stils gebracht werden mussten. Das kostete Zeit und Nerven. *Intern* blieb jedoch ein wichtiges Medium, wenn es auch durch die Wehnersche Intervention ein bisschen an Biss verloren hatte. Aber es bewährte sich dann in der Auseinandersetzung des Wahlkampfes 1972 ausgezeichnet. Wir erreichten mit einer Auflage von fast 100 000 Exemplaren die wichtigsten Multiplikatoren der SPD.

Der destruktive Akt von Wehner zielte nicht auf mich und meine Mitarbeiter, auch nicht zuvörderst auf Hans-Jürgen Wischnewski, den Bundesgeschäftsführer. Die Attacke zielte schon damals auf Willy Brandt. Alles, was dessen Ruf in der Partei stärkte, alles, was seinem Ansehen und seinem Stehvermögen in der Öffentlichkeit helfen könnte, war zumindest damals in den Augen des Herbert Wehner schlecht und musste bekämpft werden.

Das galt auch für das zweite Projekt, das wir zur Verbesserung der innerparteilichen Kommunikation aufs Gleis zu setzen versuchten. Die Parteizeitung der SPD, der *Vorwärts*, war Anfang der siebziger Jahre noch ein Blatt, das an Abonnenten und am Kiosk verkauft wurde. Es lief aber schlecht und erreichte auch nicht annähernd so viele Menschen, wie es Mitglieder der SPD gab. Also wurde in der Führung der Wunsch nach Veränderung laut. Ich bekam den Auftrag, eine Mitgliederzeitung zu entwerfen, die allen kostenlos zugesandt werden sollte. Ich hatte damals zur Verstärkung unseres kleinen Teams einen Journalisten aus Ingolstadt engagiert – einen vergleichsweise jungen Mann mit dem schönen Namen Helmut G. Schmidt. Er kannte sich beim Blattmachen aus. Wir zogen uns im Oktober 1971 zu einer Klausur zurück und entwarfen mithilfe von Spezialisten für Grafik und Gestaltung ein Mitgliedermagazin mit dem anspruchsvollen Titel *Politik*. Das Titelblatt der Nullnummer zierte die Karte eines Kartenspiels mit dem Kopf von Rainer Barzel, dem CDU-Vorsitzenden und kommenden Kanzlerkandidaten, und dem von Willy Brandt. Es war schon damals der geläufige Eindruck, dass Barzel nicht richtig wusste, was er wollte. Darauf gingen wir im Heft selbst ein.

Wir hatten eine Nullnummer produziert und waren auf den Titel *Politik*, auf das Titelbild und auch auf den Inhalt schon ein bisschen stolz. Die Nullnummer gefiel uns und den anderen Eingeweihten auch. Man muss auch wissen, dass eine Nullnummer eigentlich wie ein Nichts ist. Es ist nicht existent und schon gar nicht Gegenstand politischer Debatten.

Aus dem internen Zirkel der SPD wurde diese Nullnummer jedoch der CDU/CSU und der Öffentlichkeit zugespielt. Statt nun locker darauf hinzuweisen, dass eine Nullnummer wirklich ein nicht existentes Produkt ist und keinesfalls Teil der Presse- und Öffentlichkeitsarbeit einer Partei, bezeichnete der

SPD-Fraktionsvorsitzende Herbert Wehner das Ergebnis unserer Arbeit als »Hetze auf sozialdemokratisch«.

Einmal abgesehen davon, dass es tief blicken lässt, dass der Stellvertretende Vorsitzende sich über ein Produkt seiner Mitarbeiter öffentlich hermacht – das Produkt war nicht Hetze. Diese Bewertung von Herbert Wehner präsentiert zu bekommen, der im besonderen Ruf stand, im Bundestag mit anderen hetzerisch umzugehen, war besonders apart. Wir fühlten uns nicht nur geehrt, sondern auch irritiert.

Der damalige Bundesgeschäftsführer Wischnewski hat den Vorgang sehr gut in die Notwendigkeiten der Kommunikation innerhalb einer Partei in der damals modernen Zeit des Fernsehens eingepasst. Er berichtet in seinem Buch[18] über die Beratungen des Parteitages in Bonn-Bad Godesberg im November und Dezember 1971. Dieser hatte über die Herausgabe des Mitgliedermagazins entschieden. Dazu Wischnewski:

»Eine der wesentlichsten Beschlüsse war für mich die Herausgabe einer Monatszeitschrift für alle Mitglieder. Mindestens einmal im Monat mussten wir alle Mitglieder erreichen. Das war um so wichtiger, als die aktive Teilnahme am Parteileben in den Ortsvereinen rückläufig war. Das Fernsehen hatte das politische Leben in allen Parteien wesentlich verändert. Ich hatte lange an diesem Projekt einer Mitgliederzeitung gearbeitet. Eine Nullnummer des Magazins mit dem Titel Politik, die ich für eine ausgezeichnete Grundlage hielt, stieß auf den erbitterten Widerstand Herbert Wehners, der nach wie vor in allen organisatorischen Fragen ein entscheidendes Wort mitzureden hatte.«

Herbert Wehner hatte keinen Sinn für die Bedeutung einer guten Kommunikation mit den Mitgliedern. Die Mitglieder waren aber das Kapital der SPD. Sie nicht mit Verlautbarungsjournalismus, sondern mit Fakten und zugleich einer lockeren Aufmachung einer monatlichen Schrift informiert zu halten, sie zur Diskussion zu ermuntern, mit ihnen zu kommunizieren, war wesentlich. Er hatte nicht verstanden oder wollte nicht verstehen, wie wichtig die Erwägungen des Bundesgeschäftsführers waren.

Herbert Wehner war Stellvertretender Vorsitzender der SPD und damit war ich auch sein Mitarbeiter. In drei Jahren hatte er keinerlei Kontakt zu mir, vermutlich weil er mich als Brandt-Mann betrachtete. Anders kann ich mir das nicht erklären. Es kam weder eine persönliche noch telefonische Ermunterung zur Arbeit, ein Dank für die geleistete Öffentlichkeitsarbeit und für die Planung und Umsetzung des Wahlkampfes und damit für die Unterfütterung des Wahlsiegs von 1972 erreichte mich sowieso nie. In der Vorstandssitzung nach der Wahl eilte er wie immer an den Mitarbeiterinnen und Mitarbeiter vorbei. Dass so viele Sozialdemokraten vor ihm stramm standen, kann ich bis heute nicht verstehen.

Horst Grabert schildert eine einschlägige Szene. Er war im Dezember 1972 zum Chef des Bundeskanzleramtes berufen worden und machte, wie es sich gehört, auch einen Antrittsbesuch bei Herbert Wehner, dem SPD-Fraktionsvorsitzenden. Man muss wissen, dass Grabert in Bonn kein Unbekannter war. Er war Bundessenator von Berlin und in Bonn als Berlin-Lobbyist sehr aktiv. Er kannte sich in der innerdeutschen Politik, mit der auch Wehner viel zu tun hatte, sehr gut aus. Grabert war ein paar Minuten vor dem vereinbarten Termin zur Stelle. Die im Vorzimmer sitzende Stieftochter Wehners, Greta Burmester, merkte an, Wehner warte schon. Als Grabert Wehners Zimmer betrat, wurde er von einer Schimpfkanonade empfangen. Er verließ den Raum und bemerkte gegenüber Wehners Vor-

zimmerdame noch, bisher sei er nur von SS-Leuten so ange-
brüllt worden. Wehner hatte dieser Worte noch mitgekriegt,
und bat Grabert zurück zum Gespräch.

So ging er mit Menschen um, die er als Brandt-Anhänger betrachtete. Dass man jemanden wie Brandt gut findet und dennoch vor allem für die Sache arbeitet, überschritt seine Vorstel-
lungwelt, jedenfalls dann, wenn er in der Feindseligkeit zu
einer Person wie im konkreten Fall zu Willy Brandt program-
miert war.

Willy Brandt berichtet in seinen *Erinnerungen* von einem
ersten erheblichen Knacks im Verhältnis zwischen Wehner und
ihm. Es war im Herbst 1961. Sie waren gemeinsam mit dem
Nachtzug unterwegs nach Lübeck. Sie sprachen über den damaligen SPD-Vorsitzenden Ollenhauer. Wehner: »Der muss
weg. Du musst es machen.« Willy Brandt war verstört und er-
schrocken über den Ton, widersprach aber nicht heftig. Er
fand, die Nachfolge im Parteivorsitz könne nicht putschartig
geregelt werden. »Und warum auch?«, schreibt Willy Brandt
und weiter:

»*Ich hatte zu Erich Ollenhauer ein kameradschaftliches Verhältnis gewonnen; der Erneuerung der Partei legte er keine Steine in
den Weg, im Gegenteil; er war der Garant dafür, dass die ›alte‹
Partei den Weg an die Macht mitging. Wehner merkte sich meine
Reaktion, die eines Zauderers und Schwächlings. Und ich merkte
mir seinen Vorstoß, den eines Mannes, der die Figuren und die Politik nach Belieben verschiebt.*«[19]

Diese Begebenheit und Einschätzung ist ausgesprochen auf-
schlussreich. Es sagt viel über die Treibjagd und über die Jäger.

Schmidt, die Führungspersönlichkeit

Der Schlüsselbegriff bei wiederkehrenden Vorwürfen von Helmut Schmidt an seinen Vorsitzenden Brandt war das Wort »führen«. Willy Brandt führe die Partei nicht richtig, er habe sie verludern lassen, ein Scheißdemokrat, »der immer erst andere fragen muss, bevor er sich entscheidet«. Letzterem Vorwurf geht Gunter Hofmann nach und berichtet von der Klage Helmut Schmidts, Brandt lasse die SPD zu einer Nenni-Partei verkommen. Damit diese Gefahr nicht Wirklichkeit werde, müsse die Partei politisch bewusst und spürbar geführt werden.[20] Mit der Warnung vor der Nenni-Partei knüpfte Helmut Schmidt an eine Entwicklung in Italien an. Die sozialistische Partei hatte sich unter Führung von Pietro Nenni nach Links geöffnet und sich auf gespalten.

Nebenbei: Die Klage darüber, dass Brandt erst andere frage, bevor er sich entscheidet, stammte von 1969. Verlauf und Ereignisse dieses Jahres zeigten, wie unberechtigt diese Klage war. Hätte Willy Brandt damals Herbert Wehner und Helmut Schmidt gefragt, wie es nach der Wahl am 28. September des Jahres weitergehen sollte, dann hätten sie die Fortsetzung der Großen Koalition empfohlen. Brandt fragte nicht, jedenfalls nicht Schmidt und Wehner, und schmiedete das Bündnis mit der FDP.

Hinter der Forderung nach der bewussten und spürbaren Führung der Partei durch den Parteivorsitzenden steckte ein Verständnis von Politik und von menschlichem Zusammenleben, das Brandt eben nicht teilte. Der ehemalige Emigrant und

Widerstandskämpfer sah in Befehl und Gehorsam offensichtlich nicht den richtigen Schlüssel zur Organisation einer Partei. Schon gar nicht fand er es geeignet zur Mobilisierung vieler Menschen und zum Engagement junger Menschen für politische Belange. Ein Vorsitzender, der damals nur »geführt« hätte, hätte die Vielfalt und Kreativität der einzelnen Mitglieder und Gruppen nicht gefördert und wachsen lassen. Ein solcher hätte es auch nicht geschafft, die Zahl der SPD-Mitglieder von rund 600 000 auf über eine Million zu vergrößern. Die Menschen interessieren sich nicht für Politik und machen mit und werben für ihre politische Gruppe und argumentieren und plakatieren und arbeiten an Programmen mit, um einem »Führer« hinterherzulaufen – einmal abgesehen davon, dass Führung als Selbstzweck gerade in Deutschland einen schlechten Klang haben sollte. Ich bin nicht so blauäugig, um nicht zu sehen, dass jede Organisation etwas Autoritäres an sich hat. Aber offensichtlich kommt es auf den Grad an und auf jeden Fall ist es nicht zu kritisieren, wenn die Spitze einer solchen Organisation versucht, die Mitglieder und die örtlichen Verbände einzubeziehen, sie anzuhören, mit ihnen zu diskutieren und mit ihnen zu arbeiten. Das ist mühsamer als Führung. Aber was sollte daran schlecht sein?

Offensichtlich hatten Willy Brandt auf der einen Seite und Helmut Schmidt und Herbert Wehner auf der anderen Seite andere Erfahrungen und andere Vorstellungen. Mir fiel auf, dass Letztere die katholische Kirche und den Papst tief im Innern bewunderten. Dort wird »geführt«.

Wurde Wichtiges nicht durchgesetzt, weil Brandt das »Führen« nicht so wichtig war? Ich kann das nicht sehen und deshalb halte ich den Vorwurf der mangelnden Führung für aufgesetzt. Schließlich hat Brandt die Ostpolitik durchgesetzt. Das war auch innerhalb der SPD nicht leicht, wie man an dem Parteiaustritt des Vorsitzenden der Landsmannschaft der Schlesier, Herbert Hupka, sehen konnte. Es war auch gegenüber der allgemeinen Öffentlichkeit und der Opposition ein Kraftakt. Helmut Schmidt hat selbst bilanziert, wie erfolgreich die Regierung Brandt in der Wirtschafts- und Sozialpolitik war. Offenbar war Brandts Art, Politik zu machen, effizient.

Und dennoch gab es diese immer wiederkehrende unwahre Anklage, die als Wahrheit in unsere Geschichtsbücher gerutscht ist. Ein typischer Fall von übler Nachrede. Die SPD ist in Brandts Zeit nicht »verludert«, wie Helmut Schmidt oft beklagte. Eine »verludertе« Partei würde weder ihre Mitgliederzahl nahezu verdoppeln können noch so viel programmatische Arbeit leisten und wichtige Anstöße und Hilfen für politische Entscheidungen bieten, wie das in der Zeit des Vorsitzenden Willy Brandt geschehen ist.

Die SPD hat nie immer und in allen Gliederungen die Führung unterstützt, auch nicht Helmut Schmidt, als er Bundeskanzler war. Oft gab es Konflikte. Ich will zwei davon ansprechen und daran prüfen, was es denn bedeutet hätte, wenn in diesen Fällen der Vorsitzende durchgegriffen hätte: Die Zahl der Kritiker der Kernenergie wuchs in der SPD Ende der siebziger und Anfang der achtziger Jahre. Sozialdemokraten beteiligten sich an Demonstrationen gegen den Bau neuer Kernkraftwerke wie zum Beispiel in Brokdorf. In der morgendlichen Lage im Kanzleramt regte sich der Regierungssprecher Kurt Becker, den Helmut Schmidt im Dezember 1980 engagiert hatte, regelmäßig darüber auf und forderte eine Intervention der SPD-Parteiführung gegen das Treiben an der Basis. Hätte Willy Brandt als Vorsitzender dem folgen sollen und zum Beispiel gegen einen sehr kernenergie-kritischen Beschluss der baden-württembergischen SPD intervenieren sollen? Die Kritiker haben Recht behalten. Die Skepsis war angebracht. Ist eine Partei verludert, wenn sie auf der Suche nach dem richtigen Weg solche Konflikte durchsteht?

Der zweite Fall: Als Bundeskanzler Helmut Schmidt die Raketenlücke und damit die Notwendigkeit zur Nachrüstung entdeckte, gab es Kritiker, auch den Parteivorsitzenden, der aber zunächst seine kritische Ansicht in sich hineinfraß aus Rücksicht auf den Bundeskanzler. Es gab aber einen in der Außenpolitik tätigen Fraktionsreferenten und eine Reihe anderer Sozialdemokraten in wichtigen Funktionen, die die Raketenlücke für eine Erfindung von Helmut Schmidt hielten. Hätte man diese aus der SPD ausschließen sollen? So etwas muss eine große Partei aushalten.

Helmut Schmidt war in seinen Klagen gegenüber Willy Brandt wegen der angeblichen Führungsschwäche auch nicht besonders konsistent. So warf er Brandt vor, nicht genügend gegen den Anspruch höherer Löhne durch die ÖTV im Frühjahr 1974 getan zu haben. Das passt aber nicht zu der ansonsten von Helmut Schmidt bewunderten Erhöhung der Lohnquote und auch nicht dazu, dass er, der neben dem Innenminister zuständige Finanzminister, in jenem Konflikt mit der ÖTV nach Amerika abgedüst war. Und auch das Hin und Her in Bezug auf den öffentlichen Korridor war nicht besonders überzeugend. Als Vorsitzender der Langzeitkommission hat Helmut Schmidt ausdrücklich befürwortet, den Anteil der öffentlichen Hand auszuweiten. Heute findet man ihn unter jenen, die die Agenda 2010 und damit den Rückzug des Staates befürworten.

Helmut Schmidt hielt sich für den besseren Kanzler. Das ist legitim. Aber es wird problematisch, wenn die legitime Konkurrenz dazu führt, dass man sich immer wieder bemüht, den gewählten Parteifreund von der Spitze abzulösen und ihm deshalb immer wieder das politische Leben schwer macht. Die Stänkereien über und gegen Brandt nahmen kein Ende.

In den Parteikreisen, denen sich Helmut Schmidt nahe fühlte, also in der eher konservativen SPD mit ihren Sonderkreisen wie den »Kanalarbeitern«, ging es beim Kampf gegen Brandt um die innerparteiliche Richtung und die Machtposition der eigenen Leute. Ihnen wie den rechten Kreisen in und um die Union herum passte die Toleranz und Liberalität des SPD-Parteivorsitzenden nicht. Er war nicht ihr Gegner, aber er ließ auch die anderen Gruppierungen, eben die Linken, innerhalb der SPD wachsen und gedeihen. Und schon dies betrachtete man im Lager der »Kanalarbeiter« und ihrer edleren Ausgabe, bei den Seeheimern, als Bedrohung.

Diese Einschätzungen und dieser Streit sind übrigens von großer Bedeutung für die weitere Entwicklung der SPD. Willy Brandt hatte die Vorstellung, dass seine Partei wie jede Volkspartei nur dann ihre Potenziale voll ausschöpfen und kanzlerfähig werden kann, wenn sie breit antritt – heute würde man sagen: sich breit aufstellt. Nur mit dieser Pluralität kann man bei Wahlen die notwendig vielen verschiedenen Interessen und Kreise ansprechen, nur so kann eine Volkspartei wie die Union oder die SPD bei Wahlen eine Scheibe auf die andere legen und ein gutes Wahlergebnis erreichen. Deshalb nannten wir diese Vorstellung von der Wahlstrategie das Scheibchenmodell. Helmut Schmidt hat in Anlehnung daran seine Wahl als Bundeskanzler 1976 und 1980 gewonnen. Auch die Union aus CDU und CSU hat dieses Modell verinnerlicht und spielt auf dem Klavier, während die SPD von heute ihr eigenes Erfolgsrezept vergessen hat.

Heute und schon seit einiger Zeit gilt in rechten Kreisen der SPD offenbar das Prinzip: Wenn wir nicht die Macht innerhalb der SPD haben, dann wollen wir sie auch nicht innerhalb des Staates erkämpfen. Ein praktisches Beispiel: In Hessen hatte die rechte SPD nicht die Mehrheit in der Partei. Also torpedierte sie Andrea Ypsilantis Versuch zur Ablösung des hessischen Ministerpräsidenten Roland Koch. Bei Andrea Ypsilanti hat auf regionaler Ebene eine ähnliche Treibjagd stattgefunden wie ehedem bei Willy Brandt. Ypsilanti war der Feind und nicht der CDU-Ministerpräsident. Diese merkwürdige Personenfixierung auf den innerparteilichen Gegner war zu Willy Brandts Zeiten schon ein Problem. Er erklärt das fortlaufende Desaster der SPD.

Willy Brandt war eine Art Projektionsfläche für Neid und Bewunderung zugleich. Er passte nicht in das Weltbild seiner Gegner. Man musste ihn einen Kopf kleiner machen, um ihn auf die gleiche Ebene zu bekommen und um das eigene Weltbild zu retten. Er kam gut an, er war als Politiker und als Mensch attraktiv. Man musste ihn schmälern, um zurechtzukommen.

Dabei war Helmut Schmidt selbst auch ein Bundeskanzler von Format. Das darf man nicht vergessen Mit Schmidt konnte man auch nachdenken und vor-denken. Er scharte eine Reihe hochkarätiger Mitarbeiter um sich, beispielsweise Manfred Schüler als Chef des Bundeskanzleramtes und Klaus Bölling als Regierungssprecher.

Zwei Beispiele für die offene und nachdenkliche Arbeit Helmut Schmidts seien hier genannt. Als einziger mir bekannter Regierungschef thematisierte er ein so nachdenkliches und menschliches Problem wie die Vermehrung der Fernsehprogramme und damit des Fernsehkonsums sowie die Kommerzialisierung der Programme. Er erkannte die darin liegende Problematik für das Miteinander in den Familien, für die Bildung der Kinder und für die demokratische Willensbildung. Er forderte 1978 in einem großen Plädoyer die Menschen auf, behutsam mit ihrer Zeit umzugehen und nicht alles in die elektronische Kommunikation zu stecken. Unter Kohl und Schwarz-Schilling wurden dann die Schleusen der Kommerzialisierung geöffnet und es kam so wie von Schmidt prophezeit und befürchtet.

Das zweite Beispiel: Helmut Schmidt wird die Erfindung der Raketenlücke und der Nachrüstung angekreidet. Doch er hat praktisch zur gleichen Zeit, nämlich im Frühjahr 1980, dafür gesorgt, dass der Dialog mit der Sowjetunion trotz Intervention der sowjetischen Streitkräfte in Afghanistan weitergeführt wurde. Er nahm dafür einen Konflikt mit dem FDP-Vorsitzenden Genscher in Kauf, der damals schon von der gemeinsamen Fahne springen wollte und mit dem CDU-Vorsitzenden Kohl wegen einer neuen, der schwarz-gelben Koalition, kungelte. Das hatte etwas mit Nachdenken zu tun, weil es nämlich darum ging, sich den allzu populären Forderungen nach dem Schluss der Verhandlungen mit »den Russen« nicht zu beugen.

Üble Nachrede

In unserer Medienwelt ist man vermutlich dann richtig »angekommen«, also berühmt und bedeutend, wenn das eigene Leben verfilmt wird. »Im Schatten der Macht« hieß beispielsweise ein Fernsehzweiteiler des renommierten Regisseurs Oliver Storz. Beraten wurde er von dem nicht minder renommierten Journalisten Hermann Schreiber.

Zur Vorab-Premiere des ersten Teils hatte der damalige Bundeskanzler Gerhard Schröder ehemalige Mitstreiter Brandts nach Berlin eingeladen. Bevor es losging, erklärte der Regisseur Storz, dies sei kein Dokumentarfilm, sondern ein Spielfilm, Fiktion sozusagen. Das verblüffte mich, weil ich überlegte, ob sich das auch jeder Fernsehzuschauer bewusst machen würde. Meine Befürchtungen wurden aber auch in anderer Hinsicht bestätigt. Meine Erfahrung, dass die Geschichtsschreibung über Willy Brandt bislang über weite Strecken nichts weiter als das Nachplappern vorgestanzter Klischees war, wurde im Film weitergeführt. Dort waren sie fein säuberlich in Bilder und Dialoge verpackt. Wenn man bis zur Quelle der Klischees zurückging, landete man beim damaligen Medienecho. Kein Wunder, dass Bundeskanzler Schröders Gäste, die Willy Brandt noch persönlich gekannt hatten, am Ende der Vorführung betreten schwiegen.

Willy Brandt erscheint im Film als ein lethargischer Herr, dem des Nachts über Bahnsteige staksend eine blonde schwedische Journalistin zugeführt wird. Man muss nicht Mitarbeiterin oder Mitarbeiter des Bundeskanzlers Brandt gewesen sein, um diese Szenen und Texte mit ihren einschlägigen Andeutungen über Privates widerlich zu finden. Vor allem aber war ich verwundert über die Darstellung Brandts als passiver Mensch. Eine Gruppe junger Leute, denen ich zur Kontrolle meiner Eindrücke vom Film den ersten Teil vorführte, meinten einen »psychisch labilen Mann« zu erkennen. »Wie kann jemand, der so passiv ist, Bundeskanzler sein?«, wurde gefragt.

So wie im Film war er nicht einmal in der Endphase seiner Kanzlerschaft, obwohl er da Fehler machte und die schon in den sechziger Jahren eingeläutete Treibjagd von außerhalb und innerhalb seiner Partei bei ihm Verletzungen und Ermüdungserscheinungen erkennen ließ. Wir Mitarbeiter erlebten Willy Brandt meist als effizienten, umsichtigen Partner. Auch im Wahl-Sonderzug, der im Film eine große Rolle spielt, sah ich ihn am Schreibtisch arbeitend und nicht am Couchtisch.

Hermann Schreiber gelang mit seiner Buchvorlage eine echte Innovation. Er wiederholte nicht nur die üblichen Klischees von »Willy dem Milden«, dem Zauderer, der überzogene Reformerwartungen weckte, dessen Team nicht mit Geld umgehen könne und der selbst nichts von Management und Apparaten verstehe, dem »Teilkanzler«, der – nun gut – die in der Großen Koalition angelegte Ostpolitik ausführte, aber von Ökonomie keine Ahnung hatte. Hermann Schreiber entdeckte zusätzlich, dass Brandt als Kanzler eine Fehlbesetzung war. Seine große Zeit sei erst hinterher gekommen. »Er trat heraus aus dem Schatten der Macht und hinein ins Licht eines globalen Comebacks als Elder Statesman«, und so weiter. Da habe sich »der eigentliche Willy Brandt« präsentiert. Kanzler zu sein, das sei für ihn kein Erfolgserlebnis gewesen. Und dann zitiert Schreiber den Zeitgeschichtler Hans-Peter Schwarz, als Regierungschef habe Brandt »doch eher als eine Art faszinierender Zirkusdirektor fungiert, unter und neben dem die verschiedensten Kabinettskünstler ihre Nummern aufführten oder in den Sand setzten. Und 1974 war der Zirkus ziemlich pleite«.

Brandt als Regierungschef eine Fehlbesetzung? Die strategische Leistung, ein jahrzehntelang gegen die »Sowjets« und die Kommunisten im Osten trainiertes Volk für eine Politik der Versöhnung und des Ausgleichs mit den Russen, den Polen, den Tschechen zu gewinnen – eine dahergelaufene Gelegenheit? Als Basis dafür das Vertrauen der Westmächte zu erarbeiten – eine Zirkusnummer? Der Friedensnobelpreis – ein Irrtum? Das grandiose Ansehen, das unser Volk in der Kanzlerzeit Brandts weltweit genoss und das wache Unternehmer zu nutzen wussten – eine zufällig eingetretene Gunst der Stunde? Die Integration der rebellierenden Jugend mittels des mutigen Schrittes zur Amnestie für Demonstrationsvergehen und der Einleitung innerer Reformen – ein Phantom? Der Bruch mit dem christdemokratischen Muff der ersten zwanzig Jahre der Bundesrepublik – nicht der Rede wert? Die Reformen vom Städtebauförderungsgesetz über die Reform der Betriebsverfassung und die Dynamisierung der Kriegsopferrenten bis zum konkreten Beginn des Umweltschutzes – die Leistungen eines Zirkusdirektors?

Man kann Schreiber zugutehalten, dass sein Versuch zur politischen Entsorgung Willy Brandts als Bundeskanzler von anderen Geschichtsschreibern schon angelegt wurde – zum Beispiel in der gleich zweimal zitierten Behauptung von Schwarz, der Zirkus sei 1974 ziemlich pleite gewesen, oder mit Schreibers Worten, Brandts »Schweinebucht« habe im Planquadrat der Ökonomie gelegen[21]. Das ist schick formulierter Unsinn.

Weil die Behauptung von Brandts ökonomischem Versagen so zentral ist und weil die meisten Autoren insinuieren, dass die ökonomische Pleite der eigentliche Grund für den Rücktritt war, hierzu ein paar Anmerkungen: Die Daten liegen vor. Wichtige Wirtschaftsindikatoren zeigen, dass Brandts Kanzlerschaft einschließlich der davon geprägten und von der Ölpreisexplosion gebeutelten Jahre 1974 und 1975 die ökonomisch erfolgreichste Periode vom Ende der Kanzlerschaft Adenauers bis heute ist.

Weil es nicht ins Weltbild der Geschichtsschreiber passt, nehmen sie auch ein – historisch – wichtiges Papier nicht wahr, das Finanzminister Helmut Schmidt am 15. April 1974, also drei Wochen vor dem Rücktritt Brandts, an den Bundeskanzler versandte. In diesem amtlich geheim gehaltenen 74-Seiten-Papier steht zu lesen, die Regierung Brandt sei mit der Weltinflation und den Folgen der Erdölverknappung besser fertig geworden als alle vergleichbaren Länder; es gebe kein Industrieland, das eine vergleichbar gute Bilanz sowohl der Preisentwicklung als auch der Beschäftigungslage aufzuweisen habe; in den ersten Monaten des Jahres 1974 – und damit den letzten Monaten des Kanzlers Brandt – habe die Bundesrepublik, wie die Daten zeigen, bezüglich der Preisstabilität eine absolute Bestleistung erreicht. Darauf komme ich im Einzelnen später zurück.

Helmut Schmidt hat damals schon die Neigung der Zeitbeobachter, Fakten nicht wahrzunehmen, gesehen und dies auf Seite 53 treffend kommentiert:

»Gleichwohl: der bisherige ökonomische Gesamterfolg unserer Politik ist sehr viel größer, als er im eigenen Lande gesehen und gemacht wird. Dass Springer und Sohl [damals BDI-Präsident, d. Verf.] etc. die Vergleiche mit der Preis-, Beschäftigungs- und Wachstumsentwicklung der übrigen Industriestaaten verschweigen und stattdessen schwarz malen, ist selbstverständlich. Dass eigene Leute [...] dies ebenfalls tun, ist schmerzlich, es liegt z.B. wohl auch an einem Mangel an Information und Überblick.«

Vielleicht tue ich einigen Historikern unrecht. Aber Geschichtsschreibung scheint mir heute vor allem als Wiederkäuen des Medienechos von damals. Was Helmut Schmidt damals zwar ahnen konnte, aber noch nicht präzise vorhersagen konnte: Auch historisch arbeitende Journalisten, die sich wie Hermann Schreiber zu den Sympathisanten von Brandt zählten, übernehmen den damaligen Tenor der Brandt-feindlichen Medien.

Totschlagargument Depression

Stellen Sie sich vor, Sie sind ein äußerst viel beschäftigter Mensch, die Sie umgebenden Menschen machen Ihnen unentwegt Schwierigkeiten. Sie sind deshalb manchmal ziemlich geknickt. Manchmal ziehen Sie sich zurück. Aber Sie kämpfen. Und dann erzählt man über Sie, Sie seien depressiv, und dann auch noch, Sie seien lebensmüde. Was soll man gegen einen solchen Vorwurf unternehmen? Soll man sich öffentlich hinstellen und sagen: Schaut her, ich bin lustig, ich bin zuversicht-

Alles ein bisschen traurig, in sich gekehrt. Ein Mensch, vielleicht mit Vision, aber ohne Biss.

lich, ihr deutet mein Zurückziehen falsch, meine Nachdenklichkeit passt euch nicht, aber sie ist in meinem Amt wichtiger als forsches Auftreten. Sie würden das Ansinnen, Ihre seelische Verfassung öffentlich zu erklären, mit Recht für eine Zumutung halten.

Willy Brandt muss das bis heute aushalten. Die Bücher und Schriften und sogar ein Film sind voll von solchen sehr persönlichen Vermutungen. Diese infame üble Nachrede hat in seiner aktiven Zeit als Kandidat und Bundeskanzler angefangen und hatte zweifellos einen Zweck: Wer Depressionen hat, der darf nicht Bundeskanzler eines großen Industrielandes sein. Die Titelfotos zweier Bücher scheinen mir repräsentativ für die verbreitete Botschaft:

Dass Willy Brandt depressiv gewesen sei, insbesondere im Herbst zur Depression geneigt hätte und sich damals, ab 1966, in sein Kämmerchen auf dem Bonner Venusberg zurückgezogen habe, ist eine gängige Lesart und wird vermutlich von der Mehrheit der Menschen, die sich schon einmal mit der Person beschäftigt haben, geteilt. Sie haben ja keinen unmittelbaren Eindruck und glauben eben das, was mehrheitlich behauptet wird.

Willy Brandts zweiter Sohn Lars geht in einem *Spiegel*-Interview vom August 2013[22] auf die angeblichen Depressionen ein. Wörtlich:

Spiegel: *Es heißt, er habe Depressionen gehabt.*
Brandt: *Depressionen, wissen Sie, das ist ein Wort, das heute in Mode ist. Das ist doch Quatsch. Er hatte halt manchmal das Bedürfnis, sich zurückzuziehen. Wenn ich mir überlege, mit welchen Leuten der immer zu tun hatte! Man muss ja nicht nur den Oberspießer Guillaume nehmen, da waren ja auch sonst genug Pappnasen. Und wenn mein Vater da zweimal im Jahr sagt, drei Tage will ich keinen mehr sehen, habe ich das größte Verständnis. Das hat mit Depressionen nichts zu tun, sondern mit Gesundheit.*

Auch die Mutter von Lars, Rut Brandt, hielt das für »Quatsch«. Zwei seiner früheren Mitarbeiter haben sich im Gespräch zum angeblichen depressiven Rückzug auf den Venusberg geäußert. Wolf-Dietrich Schilling, der stellvertretende Kanzler-Büroleiter und zuständig für außenpolitische Fragen im Kanzlerbüro, war des Öfteren wegen der laufenden Geschäfte in Brandts Rückzugsquartier und traf dort in der Regel einen an Texten arbeitenden Bundeskanzler. Michael Bertram, nach Brandts Rücktritt als Bundeskanzler dessen Büroleiter im SPD-Hauptquartier, berichtete mir von einem einschlägigen Beispiel zum »depressiven« Rückzug im Vorfeld des SPD-Parteitages 1975 in Mannheim. Das war auch im November. Depressionszeit! Willy Brandt hatte sich in der Tat zurückgezogen und hielt dann auf dem Parteitag eine vorzügliche Rede. In »depressiver« Stimmung auf dem Venusberg geschrieben!

Mir fällt es schwer, darüber nicht polemisch zu schreiben, weil ich in der Zeit meiner Zuarbeit und Zusammenarbeit mit ihm, also grob gerechnet von Mai 1969 bis zum Mai 1974, keinen depressiven Willy Brandt, sondern oft einen kämpferischen und manchmal nachdenklichen Politiker erlebt habe. Das gilt insbesondere für den Wahlkampf 1972, der mit einem depressiven Spitzenkandidaten aus dem Tief[23] heraus gar nicht zum Erfolg hätte geführt werden können.

Ich hätte allerdings in dieser Zeit gut verstanden, wenn Willy Brandt angesichts der Zumutungen, denen er ausgesetzt war, depressiv geworden wäre. Ein paar einschlägige Belege dafür nenne ich, damit Sie sich ein eigenes Bild verschaffen können:

Stellen Sie sich vor, Sie sind Bundeskanzler und Parteivorsitzender der SPD und lesen eines Tages, am 2. Oktober 1969 im Magazin *Stern*, Ihr Stellvertreter Schmidt habe Sie auf einer internationalen Konferenz, der berühmt-berüchtigten Bilderberg-Konferenz, einen »Scheißdemokraten« genannt, er sei daraufhin vom deutschen Versammlungsleiter, dem Unternehmer Wolff von Amerongen ermahnt worden, und habe seine Aussage dann später auf Vorhaltungen in »Scheißkerl« verschlimmbessert. Gut, man kann kritisch anmerken, Willy Brandt hätte sich das nicht gefallen lassen dürfen. Aber wie auch immer, jemanden, der in seinem Leben so vielen schlimmen Angriffen ausgesetzt war, erheitert ein solcher Bericht des *Stern* nicht. Ein solcher Bericht wirkt wie ein träufelndes Gift.

Oder stellen Sie sich einen Frühsommer der folgenden Art vor: Wie bekannt ist, versuchten die Opposition und ihr nahe stehende Kräfte aus der Wirtschaft nach der Wahl Brandts zum Kanzler die Mehrheit im Deutschen Bundestag durch Abwerben von Abgeordneten zu verändern. Die eigentliche Schlacht, das konstruktive Misstrauensvotum am 27. April, gewinnen Sie, aber dann kommt es Schlag auf Schlag. Ich muss einiges zum Kontext wiederholen, weil dieser Vorgang zum Verständnis des Niedergangs des Bundeskanzlers so wichtig ist: Der Haushalt der Bundesregierung findet keine Mehrheit, der wichtigste Minister des Kabinetts, noch dazu zuständig für Wirtschaft und Finanzen, Professor Karl Schiller, verschickt einen sogenannten Schnellbrief mit dramatischen Warnungen vor der finanzpolitischen und wirtschaftlichen Katastrophe, voll auf der Linie der Opposition, die die angeblich schlechte wirtschaftliche und finanzielle Lage zum Hauptwahlkampfthema machen will. Am 7. Juli 1972 tritt Schiller zurück, der Bundeskanzler und die SPD stehen ohne Finanz- und Wirtschaftsminister da. Brandt fragt seinen Stellvertreter Helmut Schmidt, ob er in die Bresche springen würde; dieser macht es nur unter der Bedingung, dass Brandt zwei seiner effizientesten Kompagnons, den Kanzleramtschef und Minister Horst Ehmke und den Regierungssprecher Conny Ahlers nach der Wahl aus seinem Umfeld entfernt. Brandt geht auf die Bedingung ein. Was hätte er sonst auch tun sollen? Ein Machtkampf mitten im Wahlkampf und noch dazu zum Thema Wirtschaft und Finanzen?

Wenn man in Rechnung stellt, dass Willy Brandt einer Treibjagd ausgesetzt war, dann ist auch der Vorwurf, konfliktscheu gewesen zu sein, ziemlich hohl. Wenn ein Mensch, in diesem Fall ein Politiker im Amt, von vielen Seiten gejagt wird, dann kann er sich nicht gegen einen der Jäger wehren, ohne zu bedenken, was dann die anderen tun und wie er sich gegen die anderen schützen kann. Treibjagden haben die Eigenart, dass es für den Gejagten keinen Ausweg mehr gibt. Konfliktfreudigkeit hilft dann nicht. Wie das funktioniert, kann man am Vorgang der politischen Erpressung durch Schmidt vom Juli 1972 schön beobachten. Ein Konflikt mit Schmidt in dieser Frage hätte den Verlust der Wahlen nach sich gezogen. Also, es ist alles nicht so einfach, wie sich manche der Schreiber der Geschichtsbücher das vorstellen.

Einen Tag nach Karl Schillers Rücktritt und Helmut Schmidts Ernennung zum Superminister, am Nachmittag des 8. Juli, beriet Willy Brandt, auch auf dem Venusberg, mit mir das Drehbuch für den Bundestagswahlkampf. Er hatte den dicken Ordner studiert und kompetent und sachlich darüber gesprochen und entschieden. Der »Zauderer« Brandt hat in zwei Stunden über gravierende und brisante Elemente des kommenden Wahlkampfes entschieden. Dies wie auch der furiose Endspurt zur Wahl 72 war insgesamt das Werk eines depressiven, melancholischen und konfliktscheuen Menschen, wie man bei Hans-Joachim Noack, dessen Buch *Willy Brandt. Ein Leben, ein Jahrhundert* 2013 herauskam, nachlesen kann? Über die Zeit des beginnenden Wahlkampfes im Sommer 1972 schreibt Noack über Brandt: »Eine glückliche Hand hat er in dieser Phase nur selten.« Und er schreibt weiter, im Palais Schaumburg, dem Kanzlersitz, hätten Brandts Getreue gefürchtet, der Chef werde wieder mal in Melancholie versinken. Da muss ich als Verantwortlicher für den Wahlkampf Willy Brandts auf einem anderen Stern gelebt haben. Wahrscheinlich hat der Journalist Noack vornehmlich mit Pappnasen gesprochen.

1986 erschien ein Buch[24] mit einem Gespräch Brandts über Deutschland mit Birgit Kraatz. Sie fragte ihn: »Gab es Zeiten, in denen Sie aussteigen wollten?« Darauf Willy Brandt:

»Eigentlich nein. Zwar habe ich mich immer weiter entfernt vom blauäugigen Optimismus meiner frühen Jugend, doch war ich nie ohne Hoffnung, jedenfalls nicht ohne Freude am Leben.«

Brandt hat es verdient, dass wir ihm das endlich glauben und die Serie von widerlichen Texten über seine angebliche Depression ein Ende findet.

Brandt, der Teilkanzler?

Wie sehr die Geschichtsschreiber und die Geschichtenschreiber über Willy Brandt voneinander abschreiben und dabei nicht mehr auf die Wirklichkeit achten, sieht man besonders gut am Vorwurf, Brandt sei ein Teilkanzler gewesen. Gemeint ist, dass der für seine Entspannungspolitik mit dem Friedensnobelpreis Geehrte sich nur für die Außenpolitik interessiert habe.

Vielleicht wollte der *Spiegel* sich ja damals absetzen vom Verdacht, ein Regierungsorgan zu sein. Schließlich hatte das Blatt mitgeholfen, die Ostpolitik bei der Bevölkerung durchzusetzen. Der kluge Günter Gaus, damals Chefredakteur des *Spiegel*, setzte jedenfalls die Behauptung in die Welt, Willy Brandt sei ein »Teilkanzler« oder »Außen-Kanzler«.[25]

Das war schon damals nicht richtig und wurde durch die Nachplapperei vieler späterer Journalisten und Historiker nicht richtiger. Willy Brandt hat sich höchst persönlich um viele Bereiche der Politik gekümmert und er und seine Regierung waren auch jenseits der Außenpolitik erfolgreich.

Er hat sich darum gekümmert, dass es eine Amnestie für jene vielen jungen Leute gab, die ausgangs der sechziger Jahre demonstrierten und wegen mancher ernsten und vieler lächerlichen Delikte angeklagt waren. Wer sonst in der Regierung war auch emotional so beteiligt am Protest der jungen Leute und vor allem daran, dass diese Generation nicht verloren ist, sondern integriert wird. Ein Teilkanzler schafft das nicht, der bemerkt das Problem gar nicht.

Sozusagen von Kind und Jugend an war Willy Brandt an der Verbesserung der Lage der arbeitenden Bevölkerung interessiert. Soll das neue Betriebsverfassungsrecht, soll die flexible Altersgrenze, soll die Anhebung der Kleinrenten, soll die Öffnung der Rentenversicherung für Selbständige und Hausfrauen, soll die Dynamisierung der Kriegsopferrenten an ihm vorbei geschehen sein?

Willy Brandt hat den Kampf gegen Bodenspekulation unterstützt. Und er hat darum geworben, Mitgefühl für die Schwächsten in unserer Gesellschaft zu haben. Die ungerechte Einkommens- und Vermögensverteilung war ihm ein Ärgernis. Und dass sich die Lohnquote der abhängig Arbeitenden in seiner Regierungszeit verbesserte, ist kein Zufall und war ihm sicher eine Genugtuung.

Am Beispiel des Engagements von Willy Brandt für Umweltpolitik will ich im Detail zeigen, wie abstrus die üble Nachrede über das angebliche Desinteresse jenseits der Außenpolitik ist. Willy Brandt ist sozusagen der Erfinder des Umweltschutzes in Deutschland. Das ist keine Übertreibung. Am 28. April 1961 – also elf Jahre vor dem Auftauchen der Grenzen-des-Wachstums-Studie des vielgepriesenen Club of Rome – beschwor er in einer Veranstaltung in Bonn die Bedeutung der Sorge um die Umwelt und verband das mit der später dann populär werdenden Forderung, der Himmel über der Ruhr müsse wieder blau werden. Zitat aus seiner damaligen programmatischen Rede:

»Erschreckende Untersuchungsergebnisse zeigen, dass im Zusammenhang mit der Verschmutzung von Luft und Wasser eine Zunahme von Leukämie, Krebs, Rachitis und Blutbildveränderungen sogar schon bei Kindern festzustellen ist. Es ist bestürzend, dass diese Gemeinschaftsaufgabe, bei der es um die Gesundheit von Millionen Menschen geht, bisher fast völlig vernachlässigt wurde. Der Himmel über dem Ruhrgebiet muss wieder blau werden!«

Das Umweltbundesamt teilt die Einschätzung, dass Willy Brandt der Vorreiter der Umweltpolitik in Deutschland ist.[26] Es war damals ungemein wichtig, überhaupt erst ein Bewusstsein dafür zu schaffen, dass die Sorge um die Umwelt und die knappen Ressourcen ein wichtiges politisches Thema sein muss.

Das Thema Umwelt hat er sich immer wieder vorgenommen. In einer Notiz von Willy Brandt an mich vom 20. Juli 1972 werden die Wichtigkeit des Themas für das Regierungsprogramm seiner zweiten Legislaturperiode von 1972 an sowie die Bilanz seiner bisherigen Äußerungen und Tätigkeiten zum Thema aufgeführt.

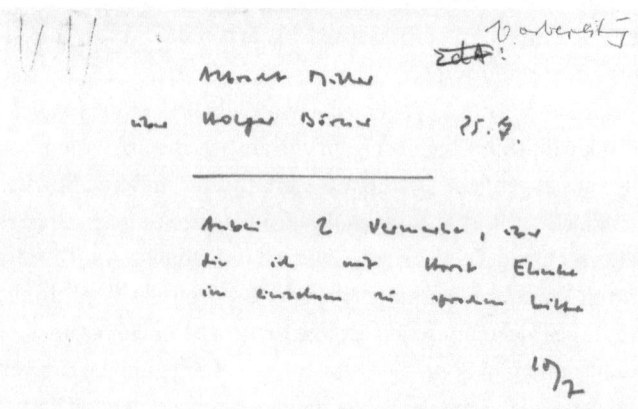

Mit »betr. Umwelt und Gesundheit als zentrales innenpolitisches Thema« ist der nachstehende Vermerk überschrieben, der andere mit »Record W.B. betr. Umweltfragen«. Er wollte nicht nur darüber reden, sondern Lösungen erreichen. Wörtlich: »… von vornherein jeder Neigung zum Weltuntergang widerstehen. Die Menschen wollen hören, dass es Lösungen gibt.« Und dann führt er Beispiele für die erfolgreiche Reinigung von Flüssen und Seen in England und Schweden an.

betr. Umwelt und Gesundheit als zentrales
innenpolitisches Thema

Übergeordnetes, nicht gruppenspezifisches Thema
wegen

- nachzuweisendem Interesse in allen Schichten

- gut geeignet zur Illustration von "Sicherheit -
  Gerechtigkeit - Menschlichkeit"

- Problematik öffentlicher Verantwortung und Leistungen

- europäische und internationale Zusammenarbeit
  (verlängerte Friedenspolitik)

Erwünschte Verzahnung mit allen innenpolitischen Bereichen, so

- Wirtschaft und Finanzen

- Forschung

- Städtebau und Verkehr

- Naturschutz und Landwirtschaft

- Schutz am Arbeitsplatz

- Rechtspolitik

Besonders geeignet wegen Verzahnung von Bund, Ländern,
Gemeinden

- Konkretisierung durch lebensnahe Beispiele

- Mobilisierung von Trägern kommunaler Verantwortung

-2-

Der Titel des Wahlprogramms der SPD enthielt die Forderung nach einer besseren Qualität des Lebens.

Im Wahlkampf hat die SPD dann auch in Anzeigen versucht,
mehr Bewusstsein zu schaffen für die Umweltproblematik.
Tomi Ungerer illustrierte eine Anzeige mit dem Titel »Die Wirt-

Wahlprogramm der SPD

Mit Willy Brandt für Frieden, Sicherheit und eine bessere Qualität des Lebens

Beschlossen vom
Außerordentlichen Parteitag
Dortmund, 13. Oktober 1972

SPD
Sozialdemokraten

schaft blüht«. Die Problematik des unbedachten Verbrauchs von Ressourcen wird hier zum Thema gemacht (siehe Seite 94 f.).

Die SPD, schlug schon bei ihrem Steuerparteitag im November 1971 »Die Besteuerung umweltfeindlicher Produkte« vor. Die Geburt der Ökosteuer fand im politischen Milieu statt.

Schon in der ersten Legislaturperiode der Regierung Brandt wurde eine Reihe von Gesetzen und Verordnungen zum Umweltschutz auf den Weg gebracht. Bis Mai 1974 waren in Kraft getreten: ein Gesetz gegen Fluglärm, die Verschärfung des Pflanzenschutzes, das sogenannte Benzin-Blei-Gesetz zur Reduzierung des Bleigehaltes im Benzin, das Abfallbeseitigungsgesetz, das DDT-Gesetz und das Bundes-Immissionsschutzgesetz. Vorbereitet und im Gesetzgebungsprozess waren wichtige andere Gesetze und Verordnungen. Zum Beispiel wurde kurz nach Brandts Rücktritt das in seiner Zeit vorbereitete Gesetz über die Errichtung des Umweltbundesamtes verabschiedet. In der Umweltpolitik haben die beiden Koalitionspartner SPD und FDP übrigens gut zusammengearbeitet. Die FDP war damals sehr verlässlich und oft auch dynamischer als mancher SPD-Minister.

Es war auch Willy Brandt, der nach dem Ausbrechen der Ölpreiskrise im Oktober 1973 die Ausarbeitung und Umsetzung eines Energiesparprogramms vorschlug und die durch Verordnung eingeführten autofreien Sonntage unterstützte. Sein maliger Staatssekretär und Chef des Bundeskanzleramtes Horst Grabert hat den Vorgang geschildert. In seiner Lebensgeschichte[27] berichtet er von einer Koalitionsrunde kurz nach Ausbruch der Ölpreiskrise. Dort meinte er auf ausdrückliches Befragen des Kanzlers, es werde bald wieder genug Öl geben, aber zu einem sehr hohen Preis. Mit den notwendigen Strukturänderungen der Wirtschaft würden wir große Probleme haben. Dann wörtlich:

»Die Runde hatte überwiegend andere Vorstellungen. Nach der Sitzung sagte der Kanzler zu mir, dass ich dazu ein Papier machen solle. Es entstand das Konzept, das psychologische Maßnahmen wie den ›autofreien Sonntag‹ mit Vorstellungen zur Beendigung der Energieverschwendung und der Einführung einer Reservehaltung verband. Der Leiter der Planungsabteilung des Amtes, Albrecht Müller, hatte daran großen Anteil. Von diesem Konzept wurde in der nächsten Zeit ein großer Teil umgesetzt. Aber das Problembewusstsein zum Thema Energieverbrauch ließ sich nicht verwurzeln.«

Der »Außen-Kanzler« hatte auch bei der Ölpreisexplosion den richtigen Riecher für die innenpolitischen Notwendigkeiten. Es ist kein Wunder, dass die »Geschichtenschreiber« Brandts Reaktion auf die Ölpreiskrise und dem von ihm initiierten Energiesparprogramm keine besondere Aufmerksamkeit widmen.

Das umweltpolitische Engagement des Willy Brandt ist heute nahezu völlig vergessen. Dafür sind die SPD und Willy Brandts Nachfolger im Kanzleramt mitverantwortlich. Schade. Denn das von Willy Brandt und vielen engagierten Mitgliedern und Sympathisanten – beispielsweise von Erhard Eppler und dem damaligen IG-Metall Vorsitzenden Otto Brenner – angehäufte Umweltkapital ist damit verspielt worden. Deshalb ist es auch nicht falsch zu sagen, Helmut Schmidt und die SPD nach Brandt seien die Gründungsväter der Grünen gewesen.

Die Wirtschaft blüht.

Kauft Leute, es wird produziert. Produziert Leute, es wird gekauft. Ganz egal was. Denn kaufst Du was — bist Du was. Und die Wirtschaft wächst und wächst. Das ist Fortschritt. Das ist Leben.

Finden Sie, daß es das heute wirklich noch ist? Wachstum ist gut, kommt nur drauf an, was

wächst. Wir meinen, wir müssen umdenken. Denn was nutzen uns immer mehr Autos, wenn unsere Städte in Lärm und Abgasen ersticken? Was nutzen uns immer reichere Obsternten, wenn die Früchte immer giftiger werden? Und was nutzen uns immer weißere Waschmittel, wenn unsere Seen und Flüsse sterben?

Wir werden es lernen müssen: Konsum ist nicht länger gleich Lebensqualität. Wie gut wir leben, hängt zunehmend von der

Qualität unserer Umwelt ab. Für die SPD ist diese Erken... nicht neu.

Wir haben Zeichen für m... Lebensqualität gesetzt. Beis... München: die neue Fußgäng... zone ist zu einer Oase mitte... der City geworden. Und die... U-Bahn bringt Sie bequem... die Innenstadt.

Allerdings: Wer von Leb... qualität redet, ohne den Mu... haben, auch zu sagen, daß... der Staat mehr Geld brauch... ist unglaubwürdig.

r haben mit unseren
hlägen zur Steuerreform
gt, wie die Mittel für mehr
tliche Leistungen auf-
ngen sind und gleichzeitig
teuersystem vereinfacht
en kann. Auf die Alternativen
'SU/CDU warten wir noch.
er einzige Reaktion:
tmache.

d verbleiben wir mit freundlichen Grüßen

SPD-INFORMATION NR. 3

BLAUER HIMMEL ÜBER DER RUHR.

Willy Brandt forderte schon 1961: „Reine Luft, reines Wasser und weniger Lärm dürfen keine papierenen Forderungen bleiben. Im Zusammenhang mit der Verschmutzung von Luft und Wasser ist eine Zunahme von Leukämie, Krebs, Rachitis und Blutbildveränderungen sogar schon bei Kindern festzustellen. Der Himmel über der Ruhr muß wieder blau werden." (SPD-Wahlprogramm 1961.)

REAKTION.

Unsere Gegner höhnten, wir versprächen „Hustenbonbons" (so der damalige Wirtschaftsminister Ludwig Erhard). Und durch ihren Vorstandssprecher, Dr. Heinz Pettenberg, ließ die CDU damals erklären: „Wenn man dieses Programm der SPD tatsächlich ernst nimmt, muß man feststellen, daß es eine Freikarte für eine gefährliche Fahrt ins Blaue, das sichere Rezept für den Bankrott des Staates und ein Dokument der Verantwortungslosigkeit ist".

VERSCHENKTE MILLIARDEN.

Heute ist klar: Hätte die SPD schon 1961 mit dem Umweltschutz anfangen können, dann hätten wir Milliarden gespart.

ES IST NOCH NICHT ZU SPÄT.

Im Ausland hat man früher gehandelt. Beispiel London: Dort konnte mit dem „Clean Air Act" von 1956 die Luftverschmutzung bis 1970 um 80% gesenkt, die Zahl der winterlichen Sonnentage um die Hälfte vermehrt werden. Mehr als 70 Singvogelarten, die dem Smog gewichen waren, kehrten in die Stadt zurück.

DER ANFANG IST GEMACHT.

Diese Bundesregierung hat gehandelt:
➡ Umwelt-Sofortprogramm
    (17. 9. 1970).
➡ Fluglärm-Gesetz (30. 3. 1971).
➡ Gesetz zur Abfallbeseitigung, Luftreinhaltung und Lärmbekämpfung
    (14. 4. 1972).
➡ DDT-Anwendungsverbot
    (21. 6. 1972).
➡ Tierschutz-Gesetz (21. 6. 1972).

SICHERHEIT DURCH REFORMEN.

Erhard Eppler: „Wer das Reden von der Qualität des Lebens ernst meint, muß politische und gesellschaftliche Veränderungen wollen".

COUPON

SPD-Politiker zum Thema „Lebensqualität":

○ Erhard Eppler „Die Qualität des Lebens", Oberhausen, 11. 4. 1972
○ Hans-Jochen Vogel, Rede vor der IHK Nürnberg, 12. 7. 1972.

Senden Sie diesen Coupon an den Vorstand der SPD, 53 Bonn, Postfach 651.

Der falsche Eindruck über Brandt in dieser Frage hat sich nur deshalb weit verbreitet, weil das falsche Zeugnis von vielen und aus verschiedenen Ecken ausgefertigt worden ist. Eine Reihe von Zeitgenossen hatte kein Interesse daran, Willy Brandts Verdienste um den Umweltschutz und die Sorge um die Lebensqualität zu würdigen. Der Club of Rome zum Beispiel wollte gefeiert werden als der erste Quasi-Entdecker dieses Anliegens. Sein erster Bericht über die Grenzen des Wachstums stammt von 1972. Das war lange nach Brandts Entdeckung dieses Themas. Die Grünen dachten verständlicherweise nicht daran, an ihrem Erstgeburtsrecht zur Umweltfrage Zweifel aufkommen zu lassen. Auch die CDU hatte kein Interesse. Sie wollte ihre eigenen Leute, wie Klaus Töpfer zum Beispiel, sich umweltpolitisch profilieren lassen. Der allseits als Erfinder der Ökosteuer gerühmte Professor Binswanger hat kein Interesse daran, dass sich herumspricht, die SPD habe unter der Leitung von Erhard Eppler als Vorsitzendem der Steuerreformkommission und bei wohlwollender Begleitung von Brandt schon in ihrem Steuerreformprogramm vom November 1971 die Forderung nach einer Ökosteuer erhoben.

An diesem Beispiel kann man auch schön sehen, wie langlebig Vorurteile weiter getragen werden. Die *taz* startete im Dezember 2011 eine Serie über die Grenzen des Wachstums. Dort steht dann der schöne Satz: »Bereits in den achtziger Jahren trat Binswanger für die Ökosteuer ein, er gilt heute als ihr Erfinder.« Mir geht es nicht um Professor Binswanger, der viele Verdienste hat. Mir geht es um die Ignoranz der veröffentlichten Meinung und der Historiker gegenüber den frühen Leistungen von Willy Brandt.

Erfolglos im Inneren?

In meinem Buch *Meinungsmache* habe ich schon einmal unter dem Titel »Meinungsmache bestimmt das Bild der Geschichte«[28] belegt, dass die Kanzlerzeit Willy Brandts gerade im wirtschaftlichen Bereich eine der erfolgreichsten Perioden eines deutschen Bundeskanzlers gewesen ist. Das reale Wachstum stieg im Durchschnitt um 4,27 Prozent, mehr als bei allen nachfolgenden Bundeskanzlern. Die Arbeitslosenquote lag am Ende der Regierung bei 2,3 Prozent, niedriger als bei allen Nachfolgern. Bei Kohl und Schröder lag sie zum Beispiel bei über 11 Prozent. Der Schuldenstand des Staates betrug am Anfang der Regierungszeit Brandts 20,3 Prozent und am Ende 19,6 Prozent. Und die Lohnquote, also der Anteil der abhängig Arbeitenden am gemeinsam geschaffenen Sozialprodukt, war mit 71,4 Prozent höher als bei allen anderen.

Dieses für die Arbeitnehmerschaft erfreuliche Ergebnis wird neben einer Reihe anderer Leistungen auch von Helmut Schmidt, damals Verteidigungsminister, in einer Zwischenbilanz vom Juli 1971, also nicht einmal zwei Jahre nach Beginn der ersten Regierung Brandt, gewürdigt. Helmut Schmidt preist das hohe und erfolgreiche Reformtempo, die erreichte Vollbeschäftigung und den geringsten Preisanstieg unter allen Industriestaaten der westlichen Welt. Und dann heißt es:

»Die tariflichen Stundenverdienste in unserer Industrie stiegen um 13,7 Prozent, die Nettolöhne und -gehälter insgesamt um 14,5 Prozent! Während die Einkommen aus Kapitalvermögen und Unternehmertätigkeit um 7,5 Prozent stiegen, sind die Bruttoeinkommen

der Unselbstständigen um mehr als das Doppelte, nämlich um 17,2 Prozent angewachsen. Als Konsequenz dessen hat sich der Anteil der Löhne am Sozialprodukt, also die sogenannte Lohnquote, von 65,2 Prozent auf 67,4 Prozent erhöht; sie betrug 1960 nur 60,6 Prozent. Dies sind einmalige Fortschritte, welche unsere Wirtschaftspolitik ermöglichte. Netto und real ist die Position des Arbeitnehmers noch nie so stark verbessert worden wie gerade im Jahre 1970.

Dazu kommen die großen sozialpolitischen Fortschritte: die Dynamisierung der Kriegsopferrenten und zugleich ihre drastische Anhebung; die Verdoppelung des 312-DM-Gesetzes auf 624 DM … , die Umstellung der Sparförderung von dem ungerechten System der Steuervergünstigungen auf das gerechtere System gleicher staatlicher Zulagen sowie die Einführung von Einkommensgrenzen; die Beseitigung der nur noch klassenpolitisch zu verstehenden Ungerechtigkeit hinsichtlich der Arbeitgeberanteile zu den Krankenversicherungsbeiträgen der meisten Angestellten; die Erhöhung des Kindergeldes für einen vergrößerten Kreis von Anspruchsberechtigten; das Ausbildungsförderungsgesetz; enorme Steigerung der Bundesausgaben für Bildung und Forschung; Erhöhung und Erweiterung der Landabgaberente; Aufhebung des Beitrags der Sozialrentner zur Krankenversicherung; Erhöhung des Wohngeldes – und schließlich, wie selbstverständlich, die Erhöhung der Sozialrenten am 1. Januar 1970 um 6,3 Prozent und am 1. Januar 1971 abermals um 5,5 Prozent.

Ich habe soeben die wichtigsten gesellschaftspolitischen Veränderungen des ersten Jahres aufgezählt, die bereits verwirklicht sind. Nicht enthalten sind die noch vor dem Abschluss stehenden Gesetzgebungsverfahren – vom Städtebauförderungsgesetz bis zur Reform des Betriebsverfassungsgesetzes. Gleichwohl ist die soziale und gesellschaftspolitische Liste des Jahres 1970 ein bedeutendes Aktivkapital in unserer Zwischenbilanz, das außer uns selbst niemand so umfassend und so schnell vorhergesehen hatte. Für mich persönlich bekenne ich, dass das Jahr 1970 meine eigenen Erwartungen übertroffen hat.«

Das ist kein Text von Willy Brandt, sondern einer seines ansonsten oft als Kritiker auftretenden Stellvertreters Helmut

AMTLICH GEHEIMGEHALTEN!   2

HELMUT SCHMIDT
BUNDESMINISTER DER FINANZEN

Persönlich!

An die Herren

Bundeskanzler Willy Brandt

59. Ausfertigung

Herbert Wehner, MdB
Vorsitzender der SPD-Bundestagsfraktion

Ministerpräsident Heinz Kühn

Liebe Freunde,

der in der letzten PV-Sitzung von Herbert Wehner gegebenen und
von Willy Brandt aufgegriffenen Anregung folgend, übermittle
ich Euch ein - wie gewünscht - an der Außenwirtschaft aufge-
hängtes Papier zu unserer gegenwärtigen ökonomischen Lage. Mir
liegt daran, Euch dieses Papier noch vor dem Münstereifeler
Wochenende zur Verfügung zu stellen, wo ja sicherlich auch über
ökonomische Fragen gesprochen werden muß. Laßt Euch bitte von
der Länge nicht erschrecken: es ist gut lesbar (weil ich es
selbst geschrieben habe!). Für eine allgemeine Versendung an
die Mitglieder des PV ist teilweise der Inhalt zu sensitiv;
ich muß in den nächsten Tagen für die PV-Mitglieder durch
Streichungen eine jugendfreie Volksausgabe daraus machen.

Die Euch hier vorgelegte vollständige Fassung ist jedoch als
höchst vertrauliche Darlegung anzusehen, eine Reihe von amt-
lichen Erwägungen sind eingeflossen. Ich gebe je einen Ab-
druck des ungekürzten Papiers auch an die sozialdemokratischen
Bundesminister, an Alex Möller, Herbert Ehrenberg, Andreas v.
Bülow und Holger Börner; desgleichen an Karl Klasen und
Horst Grabert.

- 2 -

Schmidt. Und kurz vor dem Rücktritt Brandts hat Helmut Schmidt am 15. April 1974 wie zuvor schon erwähnt einmal mehr Bilanz gezogen. In meinem Besitz ist die »59. Ausfertigung« des »AMTLICH GEHEIMGEHALTEN!« gekennzeichneten Papiers zur damaligen ökonomischen Lage.

Die hohe Zahl von Kopien spricht nicht gerade für einen besonderen Geheimhaltungswillen. Das Papier war in der Tat zugleich eine Art Befähigungsnachweis des kommenden Bundeskanzlers und deshalb durchaus für die Öffentlichkeit bestimmt. Helmut Schmidt verstand und versteht viel von Öffentlichkeitsarbeit.

Die Seiten 33 und 34 sind aktuell für heute und zugleich ein Beleg für die Aufgeklärtheit der wirtschaftspolitischen Debatte jener Zeit und den seitdem eingetretenen Verfall des Wissens:

»Die deutsche Politik der letzten Jahre war in ihrer binnenwirtschaftlichen Stabilitätswirkung durchaus international beispielhaft; dies wird auf der ganzen Welt (mit Ausnahme von Springer, Sohl [damals BDI-Präsident, d. Verf.] und Strauß etc.) auch anerkannt. Unsere »übergesunden« Exportüberschüsse sind allerdings nur die Vorderseite von Defiziten unserer Partner. [Welch ein aufgeklärter Ökonom im Vergleich zu den heutigen, d. Verf.] Wenn wir dagegen im nationalen Alleingang austerity-Politik treiben wollten, so würden wir unsere Ausfuhrüberschüsse noch mehr in die Höhe treiben. Wir brauchen deshalb eine wesentlich stärkere inländische Investition (....).«

Auf Seite 53 kommt dann ein treffendes Fazit:

»Tatsache ist, dass es Rentnern, Arbeitnehmern, Auszubildenden, Kranken und Invaliden materiell noch nie so gut ging, wie heute.«

Ich habe die Anmerkungen des Stellvertretenden Vorsitzenden der SPD, Helmut Schmidt, zur wirtschaftspolitischen Bilanz der Regierung Brandt so ausführlich zitiert, weil diese Papiere, obwohl sie damals allgemein bekannt waren, in den geschichtsschreibenden und geschichten-schreibenden Werken kaum vorkommen. Es passt nicht in die Linie der üblichen üblen Nachrede, Willy Brandt sei innen- und wirtschaftspolitisch nicht interessiert und außerdem erfolglos gewesen.

Wie sich allerdings die Bilanzierungsregeln auch innerhalb der sozialdemokratischen Führungen verschoben haben, will ich an einem Punkt noch sichtbar machen. Helmut Schmidt lobt und dies in vollem Einvernehmen mit Willy Brandt die Verschiebung der Einkommensverteilung zu Gunsten der abhängig Arbeitenden, also die Anhebung der Lohnquote in der Regierungszeit Willy Brandts. Ein Nachfolger der beiden, Gerhard Schröder, hat sich hingegen des Ausbaus und des Aufbaus des besten Niedriglohnsektors in Europa gerühmt. Dass diese heutige Sozialdemokratie mit den Anliegen und gesellschaftspolitischen Vorstellungen ihres großen Vorsitzenden Willy Brandt nicht mehr viel zu tun hat, wird daran überdeutlich. Und auch der heutige Helmut Schmidt, der die Agenda 2010 über den grünen Klee lobt und damit Niedriglöhne und prekäre Arbeitsverhältnisse in Kauf nimmt, hat mit dem früheren Helmut Schmidt nicht mehr viel zu tun. Leider. Das ist schade, denn er war ein guter Bundeskanzler. Meine kritischen Fragen gelten vor allem den Methoden, mit denen er die Macht erreicht hat.

Mythos Linksruck

Im Oktober 1973 besuchte ich das Deutschland-Referat des US-amerikanischen State Department, also des dortigen Außenministeriums. Das Gespräch hatte noch gar nicht richtig begonnen, als mein Gesprächspartner fragte: »What about the Jusos?« Ihn interessierte nicht der Gesundheitszustand der Jugendorganisation der SPD. Er war in Sorge, dass demnächst in der Bundesrepublik die marxistisch inspirierte Revolution der Jusos ausbricht. Ich konnte ihm persönlich diese wirklichkeitsfremde Hysterie nicht übel nehmen. Sie war nur ein Spiegelbild des Theaters, das bei uns zuhause aufgeführt wurde. Junge Leute mit dem berechtigten Drang zur Verbesserung der Welt waren Ende der Sechzigerjahre in die SPD geströmt. Beim Juso-Kongress im Dezember 1969 war der alte Vorstand abgewählt worden und es waren eine Reihe ziemlich revolutionärer Beschlüsse zur Veränderung in Wirtschaft und Gesellschaft gefasst worden. Wie »revolutionär« die damaligen Revolutionäre waren, kann man sehen, wenn man sich die Namen anschaut: Karsten Voigt wurde Vorsitzender, seine Stellvertreter Norbert Gansel, der spätere Oberbürgermeister von Kiel, und Wolfgang Roth. Lauter brave Leute. Karsten Voigt war von 1999 bis 2010, also auch zu Angela Merkels Kanzlerzeit, Koordinator der Bundesregierung für deutsch-amerikanische Zusammenarbeit. Diesen Job bekommt kein Revolutionär. Wolfgang Roth wurde ein in marktwirtschaftlichen Kategorien denkender wirtschaftspolitischer Sprecher der SPD-Bundestagsfraktion und dann Vizepräsident der Europäischen Investitionsbank. Dass diese drei keine linkssozialistischen Hitzköpfe sind, konnte man auch damals wissen.

Willy Brandt schätzte seine jungen Leute richtig ein. Und dennoch musste er sich ständig mit dem Vorwurf des Linksrucks auseinandersetzen. Stundenlang berieten die SPD-Führungsgremium über Stellungnahmen des sorgenvoll dreinblickenden Professors Richard Löwenthal. Hans-Jochen Vogel, damals Oberbürgermeister von München, beklagte den Linksruck seines Unterbezirks. Da einer der Hauptmatadore dieses angeblichen Linksrucks mein Freund Hans Bleibinhaus war, der mich 1963 für die SPD-Mitgliedschaft angeworben hatte und zur fraglichen Zeit Schatzmeister der Münchner SPD war, wusste ich immer gut Bescheid, was sich wirklich in München zutrug. Die verbreiteten Märchen über die revolutionären Zustände in München schlagen sich noch im Jahre 2013 in den Texten von Geschichten schreibenden Journalisten nieder. So schreibt Hans-Joachim Noack in seinem Buch[29], in München stehe »der populäre Oberbürgermeister Hans-Jochen Vogel im erbitterten Abwehrkampf gegen eine immer größere Mehrheit in seinem Unterbezirksvorstand, die im Kern die Basis der parlamentarisch-repräsentativen Demokratie in Frage stellt ...« Das ist die Unwahrheit. Aber das macht nichts. Solange sie weiter getratscht wird, gilt sie auch noch 2013 als Wahrheit.

Es gab Ausreißer dort und in anderen Teilen unseres Landes auch. Es gab radikales Getöse. Auch in den Beschlüssen des Juso-Kongresses in München vom Dezember 1969. Aber oft war die Sorge um den angeblichen Linksruck nur Ausdruck der Sorgen der Rechten in der SPD, ihre Ämter zu verlieren. Das war schon beim Kongress der Jusos in München 1969 so. Der rechte Vorstand wurde abgewählt. Einer davon landete dann als Dauerquerulant bei der CSU: Günther Müller. Andere fanden sich wieder als Mitglieder der Seeheimer, so der Name der Rechten in der SPD.

Der Vorwurf des Linksrucks ist ein Dauerthema in der jüngeren Geschichte unseres Landes gewesen. Weil ich die Kräfteverhältnisse kannte, habe ich das immer als ein Phantom betrachtet; weil ich damals wie heute beobachte, wie Meinung gemacht wird und wie zu diesem Zweck Kampagnen in Szene gesetzt werden, habe ich auch immer wieder die Entstehungsgeschichte solcher Phantome beobachtet und analysiert.

Dass sich die Behauptung vom Linksruck so lange halten konnte und bis nach Amerika ausstrahlte, ist der Treibjagd zu verdanken: Für den politischen Gegner, für die Union von CDU und CSU war der Vorwurf des Linksrucks eines von einigen wenigen zentralen Angriffsthemen auf die SPD und Brandt. Damit konnte sie Angst machen, damit konnte sie die Notwendigkeit der Rückkehr zur von der Union geführten Bundesregierung begründen. Damit konnte sie ihre Hintermänner und Hinterfrauen und deren finanzielle Kapazität mobilisieren, wie man an der massiven Kampagne des »Großen Geldes« gegen die SPD im Wahljahr 1972 sehen kann. Hauptthema dieser Kampagne war der angebliche Linksruck und die angeblich bedrohte Freiheit. Später lebte die Union jahrelang mit dem Slogan »Freiheit statt Sozialismus«. Man muss daran erinnern, um zu erläutern, mit welchen Phantomdiskussionen das Interesse der lieben Deutschen an der Politik ihnen vergällt worden ist.

Die Wirtschaft und alle gut verdienenden Egoisten hatten mit dem Thema Linksruck der SPD und der Gesellschaft ein Instrument in der Hand, die SPD immer wieder zu jagen, sie aufzufordern, nach rechts zu rücken und zum Beispiel vorsichtig zu sein bei der Steuerpolitik. Union und Wirtschaft wurden unterstützt von einigen Medien. Zu diesen Treibern von außen kamen dann noch die Jagdgesellen aus der SPD selbst. Denn der konservative Flügel in der SPD profitierte von der öffentlichen Debatte um den angeblichen Linksruck. Sie konnten dann von Brandt und den wenigen anderen an der SPD-Spitze, die sich keine Sorge wegen des angeblichen Linksrucks machten oder diesen sogar für so harmlos und richtig hielten, dass man ihn unterstützen musste, verlangen, die Partei wieder »in die Mitte zu rücken«, wie sie behaupteten.

Willy Brandt war leider nicht unbeeindruckt von dieser Kampagne und hat deshalb zum Beispiel den aus meiner Sicht großen Fehler gemacht, mit seiner Regierungserklärung am 18. Januar 1973 und nach dem Wahlsieg den Geist des Wahlkampfes in die Flasche zu bannen und in die sogenannte Mitte zu rücken – eine Reaktion auf die Kampagne von außerhalb und von innerhalb.

Was war eigentlich »links« an der damaligen politischen Arbeit?

- Der Beginn des Umweltschutzes – ist das Ausdruck eines Linksrucks? Eigentlich fast schon gut konservativ im Sinne der Bewahrung der Schöpfung.

- Die Dynamisierung der Kriegsopferrenten oder die Verbesserung der Lohnquote zu Gunsten der arbeitenden Bevölkerung – ist das ein Linksruck? Selbst Helmut Schmidt hat diese Veränderung der Einkommensverteilung zu Gunsten der Mehrheit gelobt.

- Die Ostpolitik, die Anerkennung der Oder-Neiße-Grenze und die Versöhnung mit den Völkern Mittel- und Osteuropas – ein Linksruck? Dann müsste meine Mutter, die bis dahin seit 1945 CDU gewählt hatte, 1972 einen ordentlichen Linksruck gemacht haben. Hat sie aber nicht, sie hat nur ihre Bibel ernst genommen und insbesondere das Neue Testament, und fand deshalb die Versöhnung mit den Polen und Russen gut und richtig, obwohl einer ihrer Brüder dort in Russland gefallen war. Die Beendigung der Konfrontation mit dem Osten war nicht links, sondern vernünftig.

- Das Engagement vieler SPD-Mitglieder gegen die Kernkraft hat zwar die Regierenden in Bonn furchtbar aufgeregt. De facto hat dieser Druck aber die segensreiche Wirkung gehabt, dass die Bundesregierung von abstrusen Energiebedarfsprognosen abgerückt ist. Die Prognosen waren bis Mitte der siebziger Jahre direkt mit den Prognosen für die Änderung des Bruttoinlandsprodukts korreliert, verbunden. Da man ein ordentliches Wachstum der Volkswirtschaft annahm, unterstellte man auch den entsprechenden Energiebedarf. Achtzehn Kernkraftwerke zusätzlich sollten gebaut werden, damit dieser Bedarf gedeckt werden kann. Die »linken« Proteste gegen diesen Wahnsinn haben der Planungsabteilung des Bundeskanzleramtes damals sehr geholfen, bei den Kollegen von der Wirtschaftsabteilung im Bundeskanzleramt und im Bundeswirtschaftsministerium auf eine Revision der Prognosen zu drängen. Mit Erfolg.

■ Die SPD-Vorstandswahl beim Parteitag in Hannover im Frühjahr 1973 wird in der geschichten-schreibenden Literatur als ein besonderer Linksruck betrachtet. Ein paar Konservative wie Annemarie Renger und der Chef der sogenannten Kanalarbeiter, Egon Franke, waren aus dem Vorstand herausgewählt worden. Der Aufschrei in den Medien war damals groß und findet sein Echo in den Geschichtsbüchern. Wenn man sich aber die Liste der Gewählten anschaut, dann hat man seine Zweifel, ob das Attribut links stimmt. Neu gewählt wurden zum Beispiel Rudi Arndt, Heinz Junker, Friedel Läpple, Hans Matthöfer und Harry Ristock. Wer sich im Personal auskennt, weiß, dass diese Personen nun wirklich keine Linksradikalen waren. Willy Brandt hat die Wetterwendigkeit dieses Vorstands schnell zu spüren bekommen, denn der angeblich linke Vorstand hat sich in der Auseinandersetzung zwischen Brandt und Wehner wegen dessen bösartiger Äußerung in Moskau, Brandt bade gerne lau, nicht hinter Brandt gestellt.

- Und dann gab es den viel geschmähten Steuerparteitag der SPD im November 1971. Dort wurde in der Tat von dem linken Schleswig-Holsteiner Jochen Steffen eingeworfen, man solle die Belastbarkeit der Wirtschaft testen. Eine solche Parole formuliert man auf einem Parteitag nicht, wenn man die Folgen für die öffentliche Debatte nur ein bisschen abschätzen kann. Denn daran machen sich die Kommentare bis hinein in die Geschichtsschreibung fest. Oder sie machen sich daran fest, dass der Parteitag anders als von der Kommission unter dem Vorsitz von Erhard Eppler vorgeschlagen, den Spitzensteuersatz von 56 Prozent auf 60 Prozent angehoben hat. Das war ein Vorschlag. Heute werden ja schon die 56 Prozent und sogar schon die 53 Prozent, die bei Helmut Kohl galten, für extrem links gehalten. Die Debatte um den Spitzensteuersatz wie auch die Äußerung von Jochen Steffen treffen den Charakter der wirklichen Beschlüsse des Steuerparteitags in ihrer Gesamtheit nicht. Offensichtlich haben die Kritiker des Parteitags die Beschlüsse nie richtig studiert. Das Kommissionsergebnis und der darauf aufbauende Beschluss des Parteitags können sich heute noch sehen lassen. Einer der Hauptmatadore in der Kommission war neben dem Vorsitzenden Erhard Eppler der Bonner Steueranwalt Erich Schumann, später Miteigentümer der *Westdeutschen Allgemeinen Zeitung* (*WAZ*). Maßgeblich mit dabei war Konrad Porzner, ein Helmut Schmidt nahestehender Sozialdemokrat, später Präsident des BND. Die eigentlichen Zuarbeiter waren außer mir der persönliche Referent von Erhard Eppler und spätere Bundestagsabgeordnete und dann auch noch Staatsminister bei Helmut Schmidt, Gunter Huonker.

Hans-Joachim Noack berichtet auf Seite 232 seines Buches von einem harten Urteil des damaligen Superministers Karl Schiller über den Steuerparteitag: »Das Gros der Delegierten …

wolle offenkundig ›eine andere Republik‹.« Noack macht sich diese Bewertung erkennbar zu eigen. Ein Geschichtsschreiber sollte aber eigentlich wissen, wie ein solches Urteil im Falle Karl Schillers mit hoher Wahrscheinlichkeit zustandekam: Der Minister beziehungsweise sein Büroleiter werden im Vorfeld des Parteitages die Ergebnisse der SPD-Steuerreformkommission an die Grundsatzabteilung des Bundeswirtschaftsministeriums zur Begutachtung weitergeleitet haben. So war das auch üblich, als ich als Redenschreiber für Karl Schiller arbeitete. Und dann wurde dort im Umfeld von Hans Tietmeyer (CDU), eines der strammsten konservativen Ideologen, die Bewertung formuliert. Der Minister machte dann auf dem Parteitag seiner Partei diese Bewertung öffentlich und hat damit das Medienecho mitgeprägt. Und Hans-Joachim Noack, der offensichtlich weder das Umfeld Schillers noch die Beschlüsse des Steuerparteitags kennt, gibt im Jahr 2013 das Urteil weiter. So einfach ist Geschichtsschreibung!

Es fällt auf, dass als Historiker tätige Journalisten wie Hans-Joachim Noack und auch Peter Merseburger die Kennzeichnung der Steuerreformvorschläge der SPD als Linksruck ungeprüft übernehmen. Dazu passt ein kleines Erlebnis aus der damaligen Zeit: Ein mit mir befreundeter Redakteur in der Bonner Redaktion einer großen überregionalen Zeitung erzählte mir von einem Anruf eines hoch angesehenen Reporters und Brandt-Sympathisanten seiner Zentralredaktion. Dieser wollte wissen, ob es stimme, dass die Steuerreformkommission der SPD beschlossen habe, die Steuervergünstigung für das zweite Einfamilienhaus zu streichen. In der Tat hatte die Kommission unter der Ziffer I. 8. beschlossen, dass künftig die Sonderabschreibung nach § 7b und § 54 nur noch für eigengenutzte Ein- und Zweifamilienhäuser beziehungsweise Eigentumswohnungen gelten soll und dass die zulässige Abschreibung einheitlich mit 20 Prozent von der Steuerschuld abgezogen werden soll. Der Sympathisant Willy Brandts aus der Zentralredaktion kommentierte, so hätte man sich die inneren Reformen der Sozis auch nicht gedacht.

Der vom Parteitag angenommene Vorschlag der Steuerreformkommission war rundum vernünftig und hatte nicht den Hauch vom Drang in eine andere Rubrik an sich. Betroffen vom Änderungsvorschlag der Steuerreformkommission und des Steuerparteitags war allerdings die gut verdienende mittlere Oberschicht. In deren Reihen bröckelte damals schon die noch im Wahlkampf sichtbare Sympathie für Willy Brandts Reformpolitik. Im Ernstfall bestimmt das Sein das Bewusstsein. Das merkt man den Geschichtsbüchern noch bei vielen anderen Sachverhalten und Themen an.

Willy Brandt hat sich von den Rechten in der SPD dadurch unterschieden, dass er die Anliegen kritischer und auch links denkender Menschen für berechtigt hielt, jedenfalls für bedenkenswert. Er wusste auch, dass eine Volkspartei wie die SPD nie Kanzlermehrheiten gewinnen kann, wenn sie sich auf einen Flügel festlegt. Er war der Vertreter einer vielfältigen und im guten Sinne pluralen SPD. Seine gelegentliche, mit Lachen vorgetragene Empfehlung für ein »kräftiges Sowohl-als-auch« zeugt ja nicht von Dummheit oder Opportunismus, sondern von der Erkenntnis, dass die Dinge oft so eindeutig nicht sind und die Abwägung keine Untugend ist und die Vielfalt auch nicht. Das haben viele Rechte in der SPD nie verstanden, jedenfalls nicht gewürdigt. Sie sind damit wie Steinmeier 2009 bei 23 Prozent gelandet.

An Willy Brandts Umfeld und an seinen Mitarbeitern wurde die Pluralität seiner Partei offenbar. Egon Bahr und Brandts erster Bundesgeschäftsführer Hans-Jürgen Wischnewski waren keine Linken. Zu erinnern ist an Holger Börner – ein toleranter, kluger und verlässlicher Mann. Ich hatte das Glück, einer seiner Abteilungsleiter zu sein und mit ihm den Wahlkampf 1972 zu führen. Holger Börner hatte verstanden, was Pluralität heißt und wie breit die Flügel gespannt sein müssen, damit eine Organisation wie die SPD Erfolg haben kann. Er betrachtete mich wie auch meinen Mitarbeiter und Nachfolger in der Baracke, Volker Riegger, als studierte Intellektuelle. Aber er fremdelte nicht, sondern machte diese Spannweite zum Kapital.

Auch Willy Brandts sonstige Personalpolitik entsprach seiner Vorstellung von einer breit aufgestellten SPD. Sein Regierungssprecher bis 1972, Conrad Ahlers, war wahrlich kein Linker. Das waren auch nicht Georg Leber, der Verkehrsminister und Verteidigungsminister, oder Walter Arendt, der Sozialminister. Die Liste ließe sich fortsetzen. Der Versicherungsdirektor Alex Möller war alles andere als links, und auch die Chefs des Kanzleramtes, Horst Ehmke und Horst Grabert, nicht. Auch die Mitarbeiter auf der Arbeitsebene waren keine Linken: der Büroleiter Reinhard Wilke nicht, dessen Stellvertreter Wolf-Dietrich Schilling war gar nicht in der SPD, die Abteilungsleiter Wirtschaft, Manfred Lahnstein und Karl Otto Pöhl, waren zwar in der SPD, aber keine Linken, Reimut Jochimsen, mein Vorgänger als Leiter der Planungsabteilung auch nicht. Je mehr ich darüber nachdenke, umso mehr kommt mir der Gedanke, dass Willy Brandt wegen Bevorzugung der bürgerlichen »Mitte« auf die Anklagebank gehört.

Wo es aus der Sicht von Brandt mit dem scheinlinken Gequatsche zu weit ging, intervenierte er. So fand er auch einige der in München 1969 von den Jusos verabschiedeten Beschlüsse schrecklich. Da ich der einzige Ökonom in der Baracke war, wurde ich gebeten, die wirtschafts- und gesellschaftspolitischen Beschlüsse zu kommentieren. Es ist eine deutliche Auseinandersetzung geworden. Und Willy Brandt stand dahinter. Gutgeschrieben wurde ihm das allerdings von den Rechten in der SPD nie. Sie brauchten den Linksvorwurf, weil er ins Konzept der Treibjagd auf Brandt passte. Also auch hier wieder das gleiche Phänomen: Wenn etwas nicht Wahres immer wieder behauptet wird und aus verschiedenen Ecken kommt, dann wird – frei nach George Orwell – die Lüge zur Wahrheit und geht in die Geschichte ein. Oder sie kommt auf den Tisch des Deutschland-Referates im US-Außenministerium.

In den vierzehn Jahren meiner Arbeit im Umfeld von sozialdemokratischen Bundeskanzlern in Bonn habe ich nie auch nur den Anflug eines Linksrutsches in Deutschland bemerkt. Im Gegenteil. Der Regierungsapparat war voll von konservativen Leuten. Als ich im Bundeskanzleramt 1973 anfing, war ich der einzige Sozialdemokrat unter sechs Abteilungsleitern. Und dann gab es den Koalitionspartner FDP. Selbst wenn Willy Brandts SPD in den linken Orkus versunken wäre, hätte es den bürgerlichen Faktor FDP ja auch noch gegeben. Die Revolution klopfte nicht an die Türen der Amtsstuben in Bonn. Wahrlich nicht. Auch wenn alte und neue Geschichtsbücher über Willy Brandt voll gepackt sind von solchen Schaudergeschichten.

Das wahre Erbe Willy Brandts

»Das ist vielleicht Willy Brandts größte Stärke: seine menschliche Ehrlichkeit und Aufrichtigkeit und seine mangelnde Begabung, verbissen zu sein. (…) Die Gegner der deutschen Sozialdemokratie haben allen Grund, diesen Typ des Sozialdemokraten von morgen genau zu studieren. Er wird ein schwieriger Widerpart sein, weil er welt- und wirklichkeitsoffen ist.«

Christ und Welt *vom 10. Oktober 1957*

Für viele aufgeklärte Menschen und alte Sozialdemokraten ist Willy Brandt bis heute eine Lichtgestalt geblieben. Nicht ohne Grund schrieb *Christ und Welt* die oben abgedruckte Charakterisierung des damals noch bundespolitisch unbeschriebenen Blattes: Brandt war ein Ausnahmepolitiker. Doch sein politisches Erbe ist aufgrund der dargestellten Nachplappereien und Verfälschungen heute leider weitgehend in Vergessenheit geraten. Dabei war Willy Brandt ein Glücksfall in der deutschen Nachkriegsgeschichte. Er unterschied sich schon aufgrund seiner Biographie von vielen anderen Politikern, die unser Land nach 1945 hervorgebracht hat. Es ist schade, dass seine Regierungszeit als Bundeskanzler nach viereinhalb Jahren abgebrochen ist, beziehungsweise abgebrochen wurde. Was können wir von ihm auch heute noch lernen?

Politisierung

Nun mag man einwenden, dass die sechziger und siebziger Jahre weltweit eine sehr politische Epoche waren. Doch glaube ich, dass das in Deutschland viel mit der Person Willy Brandts und seinem Charakter zu tun hatte. Die Parteien in Deutschland gewannen Mitglieder wie nie zuvor und nie danach. Die Wahlbeteiligung überschritt 1972 mit 91,1 Prozent die 90-Prozent-Marke (siehe nächste Seite).

Weit über die SPD hinaus regte sich politisches Interesse und die Lust an inhaltlicher Arbeit. Damals glaubten wir alle daran, dass wir die gesellschaftlichen Verhältnisse verändern, verbessern könnten. Innerhalb und außerhalb der Parteien diskutierte und stritt man sich über die Gestaltung der Gesellschaft. Man dachte über Veränderungen nach: beim Strafvollzug wie beim Sexualstrafrecht, namentlich bei der Bestrafung der Abtreibung. Man klagte den Sumpf und die dumpfe Atmosphäre unserer Universitäten und Hochschulen an. Im Vorfeld der entscheidenden Bundestagswahl 1969 war den Engagierten klar: Zwanzig Jahre CDU-Kanzler-Herrschaft sind genug. Es ist Zeit für einen Wechsel. Bürgerinnen und Bürger setzten sich ein für Veränderungen und Reformen Eine Serie von Publikationen begleiteten die Debatten. Am bekanntesten wurde »rororo-Aktuell«. Wenn wir uns damals bei Freunden trafen, dann lag die letzte Ausgabe von rororo-Aktuell auf dem Tisch und wurde diskutiert.

Ich schwärme von dieser Politisierung nicht, um die Vergangenheit schönzureden und die Gegenwart und die Zukunft schlechtzumachen. Darum geht es nicht. Doch die Politisierung, das politische Interesse in der damaligen Zeit, war ein Phänomen besonderer Art. Willy Brandt wurde von uns dabei gedanklich instrumentalisiert. Wir sahen in ihm einen Katalysator, um das Land zum Besseren zu verändern.

Die hohe Politisierung war ein Glücksfall, auch wenn einige rechtskonservative Deutsche bei 91,1 Prozent Wahlbeteiligung von 1972 sorgenvoll die Stirn runzelten, weil da für sie offenbar zu viel »Plebs« zur Wahl gegangen war. In der Tat war diese hohe

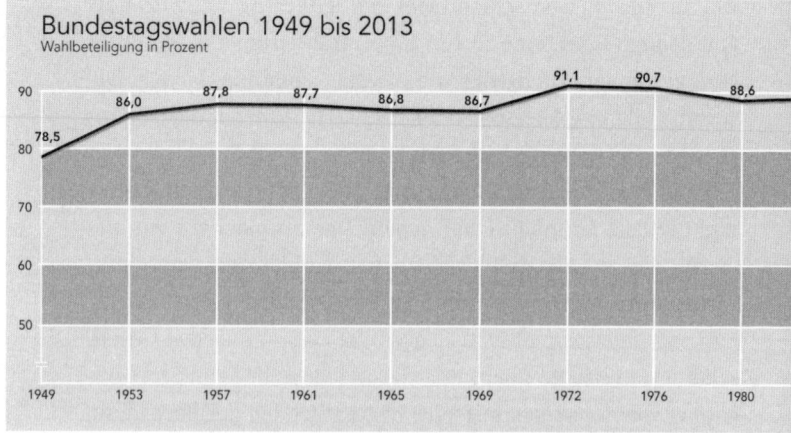

Bundestagswahlen 1949 bis 2013
Wahlbeteiligung in Prozent

Jahr	1949	1953	1957	1961	1965	1969	1972	1976	1980
%	78,5	86,0	87,8	87,7	86,8	86,7	91,1	90,7	88,6

Politisierung von so vielen Menschen nur möglich geworden, weil außer den Studenten auch Arbeiter, Betriebsräte, Vertrauensleute, Gewerkschafter den Protest gegen verkrustete Verhältnisse und antidemokratische Machenschaften unterstützten. Die *Bild*-Zeitung und ihre Manipulationen wurden nicht nur von Intellektuellen und Studenten kritisiert und bekämpft.

Mehr Demokratie wagen

Dazu forderte Willy Brandt in seiner Regierungserklärung vom 28. Oktober 1969 auf. Er meinte das ernst. Er wollte zur Beteiligung an der politischen Willensbildung und zur Beteiligung in den Parteien ermuntern. In der Zeit seiner Kanzlerschaft und seines SPD-Vorsitzes sind Zehntausende in seine Partei geströmt. Über eine Million Menschen wollten damals Sozialdemokraten sein.

Auch die Mitgliederzahlen von CDU und CSU haben zwischen 1965 und 1972 beachtlich zugenommen: von rund 280 000 auf über 600 000.

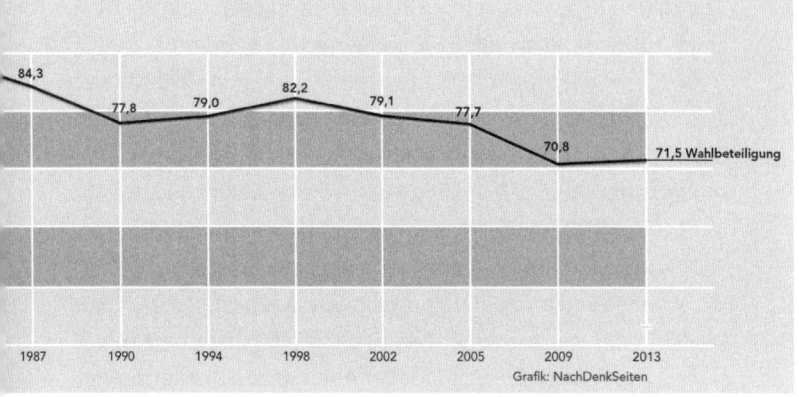

84,3
77,8   79,0   82,2   79,1
77,7
70,8
71,5 Wahlbeteiligung

1987   1990   1994   1998   2002   2005   2009   2013

Grafik: NachDenkSeiten

Damals wurde in den Parteien über Inhalte und Probleme und deren Lösung diskutiert. Es wurden Beschlüsse gefasst und über die einzelnen Stufen der Parteigliederungen hinweg weitergereicht. Es gab spannende Diskussionen über Steuerreform und Bodenrecht, über die Ausstattung des Staates mit finanziellen Mitteln, über die Rechte von Frauen und einen liberalen demokratischen Strafvollzug. Die SPD hat damals enorm viel getan, um die Bürgerinnen und Bürger über ihre fachliche

Mitgliederentwicklung der SPD
1949 bis 2013

1.022.192
1.000.000   990.682   986.872
954.394   925.630   919.129
910.063   849.374
800.000
736.218   778.945   775.036
710.448   693.894
644.780
600.000   626.189   590.485
607.456   512.520
477.037*
400.000

1949 1953 1957 1961 1965 1969 1972 1974 1976 1980 1983 1987 1990 1994 1998 2002 2005 2009 2013

Grafik: NachDenkSeiten   * Zahlen für 2012

und sachliche Arbeit zu unterrichten. Alleine die Informationen zu den Ergebnissen ihrer Steuerreformkommission sind in einer Auflage von zwanzig Millionen verteilt worden.[30]

Bei der sogenannten Elefantenrunde vor der Wahl 1972 saß die Hälfte aller Deutschen vor dem Fernseher. Die Menschen hatten Mut, sich zu ihrer politischen Ansicht zu bekennen. Tausende hatten Autoaufkleber auf ihren Pkws, auch wieder nicht nur bei der SPD, sondern auch bei der Union und der FDP.

Heute gehen junge Menschen in der Regel dann in die Politik, wenn sie sich dabei eine besondere Karriere versprechen können. Soll das gut sein? Dass es nicht gut ist, kann man daran erkennen, dass die Qualität der Analyse und der konzeptionellen Arbeit in den Parteien und in den Parlamenten schlechter wird. Gute Leute gehen seltener in die Politik. Das hat etwas damit zu tun, dass die Treibjagd gegen Willy Brandt auch eine Treibjagd gegen Offenheit und Liberalität, gegen frischen Wind und das Nachdenken, gegen Kreativität und Aufmüpfigkeit war. Vor allem aber war es eine Treibjagd gegen die inhaltlich programmatische Arbeit in den Parteien. Wir brauchen diese Beschäftigung mit interessanten Fragen jedoch, damit kreative junge Menschen sich dort einklinken können und letztlich in die politische Verantwortung hineinwachsen. Wir brauchen auch aufmüpfige junge Menschen in der politischen Verantwortung. Wir brauchen nicht zu allererst Geschlossenheit der Parteien, wir brauchen gute Diskussionen in der Sache.

Die Qualität der politischen Entscheidungen in unserem Land hängt wesentlich davon ab, wie qualifiziert die Menschen sind, die die Entscheidungen vorbereiten und sie dann treffen. Die Auswahl dieser Menschen obliegt bei uns den Parteien. Die Parteien wirken an der politischen Willensbildung mit, heißt es im Grundgesetz. Willy Brandt wusste, dass das Leben innerhalb einer Partei lebendig und attraktiv sein muss. Es muss so offen sein, damit dort vorurteilsfrei an der Lösung von Problemen und an der Programmatik gearbeitet werden kann. Diese Arbeit muss einen hohen Stellenwert in den Parteien haben, damit sie nicht nur Karrieristen anziehen, sondern auch Menschen, die die Gesellschaft verbessern wollen. Weltverbesserer sind wichtig für die politische Willensbildung.

Willy Brandt hat fähige Menschen angezogen und damit seiner Partei und unserem Land geholfen. In der SPD gab es Experten für Strafvollzug, für die Steuerreform, für das Bodenrecht, für die Entwicklung der Hochschulen, für die Stadtplanung, für den öffentlichen Nahverkehr, für die Vermögensbildung in Arbeitnehmerhand und – natürlich auch für die Entspannungs- und Ostpolitik, und so weiter. Auch Medien stiegen in die Programmdiskussion der Politisierten ein: beispielsweise *Stern*, *Spiegel*, *Frankfurter Rundschau*, *Süddeutsche Zeitung*, *Panorama*, *Monitor*, um nur einige zu nennen.

Auch in der FDP gab es eine erfreuliche Debatte, die wichtig war, damit sich diese Partei aus der Umklammerung der Nationalliberalen lösen konnte. Karl-Hermann Flach, damals Generalsekretär und vorher geschäftsführender Redaktionsleiter der *Frankfurter Rundschau*, war der Motor dieser Entwicklung. In der CDU gab es eine lebendige Diskussion um die Ausweitung der Mitbestimmung. Die Sozialausschüsse haben die Abstimmung zwar nicht gewonnen, aber sie haben das wichtige Thema der Mitsprache der Arbeiter und Angestellten in den Betrieben mit befördert.

Die stärkere Politisierung bewirkte auch einen kritischeren Umgang mit manchen Medien. Damals waren die Manipulationen durch die *Bild*-Zeitung und den Springer- wie den Bauer-Konzern ein Thema, das viele Menschen beschäftigte. Nicht nur die Studenten haben gegen die manipulativen Kampagnen des Springer-Konzerns demonstriert und die Auslieferung der Springer-Zeitungen zu blockieren versucht, an dieser Gegen-

HENRI NANNEN

Für Fälscher kein Pardon

Lieber Sternleser!

Jetzt hat es sich bewahrheitet: Wir können stolz sein auf unser Land. Nicht, weil Willy Brandt nun Kanzler bleibt. Sondern weil dieses Volk sich nicht hat irremachen lassen durch Angst und Drohungen, durch Fälschung und Verrat.

Angst vor den »Systemveränderern«. Aber wer anders hätte dieses System der freiheitlichen Demokratie mehr pervertiert als jene, die Millionen aufwandten, um mit anonymen Anzeigen den Sinn des Wählers zu vernebeln? Wer anders hätte es mehr beschmutzt als Springers »Welt« und »Bild«, die mit ihren Dreckfluten den Kanzler vor der Wahl übergossen?

In 800 000 Flugblättern warf man Willy Brandt einen Mord vor, für den ein Geisteskranker als Zeuge herhalten mußte. »Rut Brandt will sich scheiden lassen — sie wartet nur die Wahl ab«, hieß es. In Baden-Württemberg klebten gefälschte DGB-Plakate, in denen zum Generalstreik für den Fall eines CDU-Sieges aufgerufen wurde. Egon Bahr habe, so wußte die »Welt« zu melden, zum Erstaunen seiner Ostberliner Verhandlungspartner die Tötungsmaschinen an der Grenze in Kauf genommen, um nur den Grundvertrag rechtzeitig unter Dach und Fach zu bringen.

Nichts war zu perfide, nichts war zu dumm, um nicht verbreitet zu werden — nur, es wurde nicht geglaubt, die Deutschen er-

wiesen sich als mündige Bürger und kritische Wähler.

Rainer Barzel, der als Verlierer im Fernsehen eine überraschend respektable Figur machte, wird sich für das Fiasko der CDU bei Axel Springer zu bedanken haben. Und bei dem professionellen Fälscher an der Redaktionsspitze der »Welt«, der die erfundene Meldung vom Austritt des Bundesbankpräsidenten Karl Klasen aus der SPD genüßlich kommentierte, obwohl er längst wußte, daß sie falsch war. Dem rechtsradikalen französischen Blatt »Minute« wurde die Behauptung zugespielt, Willy Brandt leide an einer schweren Lebererkrankung. Springers Zeitungen zitierten den Schmarren auf der ersten Seite.

Und dann zitierte die »Welt« den Kanzler selbst: »›Die Nation ist mir Wurst.‹ Willy Brandt in der Fernsehdiskussion am Mittwochabend.« Fälscher halten ihre Leser für dumm. Brandt hatte wörtlich gesagt: »Und die Nation, von der halte ich gar nichts, wenn sie nur verstanden wird als ein schönes Wort in Feiertagsreden.«

Aber sie haben es nicht geschafft. Die Fälscher in Springers Redaktionsstuben nicht. der große Angstmacher Franz Josef Strauß nicht und auch nicht der eitle Professor Schiller nicht, der die Silberlinge für seinen Verrat nun kassieren mag, wo er sie findet.

Wir aber können stolz sein auf die Urteilsfähigkeit unserer Bürger und wieder an die Arbeit gehen. An die Arbeit gehen, als ob nichts gewesen wäre?

Ich weiß: Großmütig und edel ist es, dem geschlagenen Gegner nach dem Kampf die Hand zu reichen. Aber meine Generation weiß auch, daß in Deutschland schon einmal eine Demokratie an der Großmut gegenüber ihren Feinden zugrunde gegangen ist. Angst vor Systemveränderern? Jawohl, ich bekenne mich zu dieser Angst um unseren freiheitlichen Staat.

Deshalb darf nicht vergessen sein, was in diesem Wahlkampf geschah. Vor allem die Fälschung darf es nicht vergessen. Sie ist eine demokratische Partei, die sich mit den Nachfolgern Hugenbergs und Goebbels' nicht mehr gemein machen sollte.

Verständlich, daß Sozialdemokraten jetzt daran denken, einer neuen Auflage der Springerschen Verleumdungskampagnen durch die Verschärfung des Presserechts vorzubeugen. Aber dem Gesetz und nach der Polizei ruft der Journalist zuallerletzt. Die Freiheit der Presse, ihre Meinung ungehindert zu sagen, gehört zu den ersten Vorrechten der Demokratie. Wer dieses Vorrecht erhalten will, der muß sich dem Mißbrauch wirtschaftlicher und publizistischer Macht entschieden in den Weg stellen.

Für Fälscher kann es Pardon nicht länger geben.

Herzlichst Ihr

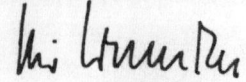

bewegung waren auch viele Arbeiter beteiligt. So haben in Offenbach am Main Arbeiter der Stadtwerke die Verkaufskästen der *Bild*-Zeitung vom Werksgelände weggeräumt. Andere Betriebe folgten. Der Grund: Die *Bild*-Zeitung hatte ständig und konsequent sowohl gegen die sozialliberale Koalition in Bonn als auch gegen Arbeitnehmer und ihre Lohnvorstellungen polemisiert und obendrein immer wieder Reklame für die Bonner Opposition gemacht. *Der Spiegel*, damals noch ein kritisches Blatt, belegte in seiner Ausgabe vom 5. Oktober 1970 anhand einer Serie von Schlagzeilen, welche Dimension die Treibjagd bei der *Bild*-Zeitung erreicht hatte. Damals haben normale Zeitgenossen noch gemerkt, wie sehr Manipulation und Hetze das Klima vergiftet und die Macht des Souveräns beschränkt haben. Und sie haben etwas dagegen getan.

Einige Medien hatten den Mut, sich kritisch mit den Manipulationen und Kampagnen anderer Medien und der Lobby des Großen Geldes zu beschäftigen. So veröffentlichte der *Stern* eine Woche nach der Wahl vom 19. November 1972 den Leitartikel seines Chefredakteurs Henri Nannen unter der Schlagzeile »Für Fälscher kein Pardon«. Darin beschreibt Nannen die unglaublichen und teilweise kriminellen Aktionen und Publikationen von Willy Brandts Gegnern.

Brandt, der gute Deutsche

Auch die Regierungen von Adenauer und Erhard waren im Großen und Ganzen gut angesehen. Mit Brandt veränderte sich aber die Atmosphäre. Weltweit interessierten sich Menschen dafür, wer da in Deutschland regiert und die Lasten der Vergangenheit wegräumt. Eine von Willy Brandt formulierte Passage in der Regierungserklärung von 1969 war wegweisend: »Wir wollen ein Volk der guten Nachbarn sein im Innern

und nach außen.« Das galt auch für
die Menschen in Osteuropa, die bis
dahin unter dem Generalverdacht
der westdeutschen Politik und Medien standen, dass sie alle
schlimme Kommunisten seien, uns
schaden und überrollen wollen. Es
ging sogar so weit, dass die Russen
auf Plakaten sowohl der CSU/CDU
als auch der NPD als Untermen-
schen dargestellt wurden.

Willy Brandt warb für die Ver-
ständigung auch mit ehemaligen politischen Gegnern und
Feinden. Er hat der deutschen Gesellschaft überhaupt erst den
Blick dafür geöffnet, was im deutschen Namen anderen Völkern im Osten wie im Westen angetan worden ist. Dass zwanzig Millionen Menschen in der Sowjetunion Opfer des Zweiten
Weltkriegs geworden sind, war vorher vielen nicht gegenwär-
tig. Wer begriffen hatte, wie sehr die Russen, die Polen, die Ju-
goslawen, die Tschechen wie auch die Holländer, Franzosen
und Belgier, die Dänen und Norweger Opfer von Deutschen geworden waren, der war auch fähig dazu, die Hand zu reichen.

Willy Brandt hatte die Fähigkeit, eine Sprache zu wählen,
die es auch Deutschen, die nicht zu seiner engeren Anhänger-
schaft gehörten, möglich machte, die Brücke der Verständigung zu betreten. Er sprach von Versöhnung. Er ging im Ghetto
von Warschau auf die Knie. Er traf sich mit Politikern des Warschauer Paktes auch bei privater Gelegenheit wie etwa mit
Breschnew auf einem Boot im Schwarzen Meer. Das alles waren Gesten des Aufeinander-zu-Gehens.

Es liegen offensichtlich Welten zwischen dem »Geist« des von
Brandt gepflegten Umgangs mit anderen Völkern und den heutigen Gepflogenheiten. »Verkauft doch eure Inseln, ihr Pleite-Grie-

chen!« und »Griechenland muss nachsitzen« – diese Schlagzeilen aus deutschen Blättern und die gleichzeitig zu beobachtende Arroganz weiter Kreise einschließlich der Bundesregierung sind Zeichen schlechter Nachbarschaft.

Ich hatte 1970 ein persönliches Erlebnis, das mir schlagartig klarmachte, was wir mit diesem Bundeskanzler Brandt gewonnen hatten. Ich war damals zu einem privaten Besuch nach Tansania gereist. Mein Freund, ein Entwicklungshelfer und Ernährungswissenschaftler, war einigermaßen bekannt im Land. Auf irgendeine Weise hatte es sich deshalb bis zum Präsidentenpalast von Julius Nyerere herumgesprochen, dass ein Mitarbeiter von Willy Brandt im Land sei. Ich wurde daraufhin zu einem persönlichen und langen Gespräch mit dem Präsidenten eingeladen.

Auf anderer Ebene profitierten deutsche Unternehmen vom besonderen Ansehen des deutschen Bundeskanzlers. Was bis heute aufgebaut worden ist, unter anderem im Osthandel, gründet auf dem Fundament, das der damalige Bundeskanzler gelegt hat – und das unter Schmerzen, wie wir alle wissen. Denn Willy Brandt wurde gerade von Teilen der Wirtschaft aufs Heftigste und äußerst bösartig bekämpft.

»Nicht der Krieg, der Frieden ist der Vater aller Dinge«

Das klingt für sich genommen nicht besonders eindrucksvoll. Wenn man diese Aussage aber auf die heutigen Vorgänge spiegelt, wenn man beachtet, wie schnell heute wie im Fall Libyens mit militärischen Operationen gedroht und sie dann auch durchgeführt werden, oder wie leichtfertig sie im Falle Syriens gefordert werden, dann weiß man, was man von Politikern hat, die fest entschlossen sind, alle, wirklich alle Möglichkeiten der friedlichen Lösung von Konflikten zu suchen und zu nützen, bevor sie überhaupt an eine militärische Intervention denken. Bei Willy Brandt konnten wir sicher sein, dass er weiß, was Kriege bedeuten: Elend, Not, Zerstörung und die Fortsetzung mit dem nächsten Krieg und dem nächsten Konflikt.

Willy Brandt und einige Freunde in der Berliner und Bundes-SPD haben schon in den fünfziger Jahren darüber nachgedacht, wie man die Konfrontation zwischen Ost und West abbauen könnte. Um dem tödlichen, möglicherweise mit Atomwaffen betriebenen Krieg auszuweichen. Er und sein engerer Kreis von Mitarbeitern und Beratern propagierten dann das Prinzip des Gewaltverzichts und der Zusammenarbeit. Sie entwickelten ein langfristig angelegtes Konzept. Egon Bahr verkündete in Tutzing 1963, also zwei Jahre nach dem Bau der Mauer, die Grundlinien dieses Konzeptes: Wandel durch Annäherung. Man setzte auf Abbau der Konfrontation und dann in einem zweiten Schritt zu inneren Veränderungen im Warschauer Pakt. Aus Feinden sollten zunächst einmal Kooperationspartner und dann auch Freunde werden. So ist das gelungen: mit Polen, mit Tschechien, mit Ungarn und hoffentlich auch endgültig mit Russland.

Das ist eines der wenigen Beispiele aus der jüngeren Geschichte dafür, dass Politiker fähig waren, langfristig zu denken und ein langfristig angelegtes Konzept umzusetzen. Ähnlich langfristig haben übrigens nur die neoliberal ausgerichteten Professoren der Chicago-Schule gedacht, sie haben 1973 in Chile angefangen, die innere Welt vieler Staaten zu verändern. Im schlimmen Sinne, wie ich meine. Ich weise auch nur darauf hin, weil dies das zweite Beispiel für langfristige Planung ist, das mir einfällt.

»Ohne eine einfache Analogie herstellen zu wollen, schließe ich mit der Frage, ob die in der langfristig angelegten Ostpolitik Willy Brandts zum Einsatz kommende Methode der Konfliktbearbeitung und seine Vorschläge für eine solidarischere Gestaltung des Nord-Süd-Verhältnisses nicht Lehren vermitteln können, die bei den gegenwärtigen Krisen und Kriegen Auswege weisen.« So endet Peter Brandts Buch über seinen Vater und so ist es.

Wir bräuchten heute Politikerinnen und Politiker, die willens und fähig sind, den Konflikt mit islamischen Völkern mit einer langfristigen Strategie abzubauen und zu beenden und damit auch Schlimmeres zu verhindern. Bei der Entwicklung und der Umsetzung einer solchen Strategie bräuchte man ähnliche Gedanken und Einsichten, wie wir das von Willy Brandt bei der Konzeption der Ost- und Vertragspolitik erfahren haben: sich in die Lage anderer Völker versetzen, ihre Interessenlage mit bedenken, die friedliche Lösung hochhalten und alles vermeiden, was zum kriegerischen Konflikt führt, keine weiteren Anlässe bieten für das Hochschaukeln von Gefühlen und Konflikten, wie das heute übrigens permanent geschieht.

Bei Willy Brandt konnte man sich darauf verlassen, dass er kriegerische Einsätze nicht planen und nicht befürworten würde, um sich und seine Partei und seine Regierung innenpolitisch zu stabilisieren. Genau diesen Verdacht muss man heute haben, wenn man an die Bushs, an Thatcher, an Cameron und andere denkt. Sie waren und sind in innenpolitischen Nöten, sie haben nach Umfragen keine Mehrheiten mehr, also rasseln sie mit dem Säbel, weil sie wissen, dass dies in der Regel die Menschen um sie scharen lässt. So weit sind wir weg von der Zeit und der Politik, die von Willy Brandt oder auch dem damaligen Bundespräsidenten Heinemann geprägt worden sind.

Gegen den Herrschaftsanspruch der finanzstarken Oberschicht

»Wehrt euch gegen die Bevormundung von oben, wehrt euch gegen die Zerstörung des Kerns der Demokratie«. Das würde uns Willy Brandt wahrscheinlich anlässlich seines Hundertjährigen zurufen, wenn er erleben würde, wie die Macht des Souveräns, des Volkes, bei uns nach und nach ausgehöhlt wird. Die Demokratie ist, darin sind sich zumindest kritische Fachleute einig, in wirklicher Gefahr. Wer nämlich über viel Geld und/oder publizistische Macht verfügt, der kann heute weitgehend bestimmen, was und wie in der Politik entschieden wird. Das lässt sich mit intensiver Lobbyarbeit und mit begleitender Propaganda und Public Relations bewerkstelligen. So wurden wir braven Steuerzahler mit der Behauptung, jede Bank sei systemrelevant, dazu verdonnert, eine lächerlich unbedeutende Bank in Düsseldorf, die sogenannte Industriekreditbank, mit gut zehn Milliarden Euro zu retten. Wir haben sogar zehnmal so viel draufgelegt, um die Münchner HypoRealEstate vor dem Bankrott und damit ihre Gläubiger vor ihren Spekulationsverlusten zu retten. In Deutschland wurde ein großer Niedriglohnsektor geschaffen, Leiharbeit eingeführt und den Arbeitnehmern die wichtige Arbeitslosenversicherung mithilfe von Hartz IV ausgehöhlt. So wurde bei uns ideologisch bedingt und gegen den Willen vieler Menschen alles Mögliche privatisiert: von der Telekom über die Post und viele Stadt- und Wasserwerke bis hin zu Kliniken. Und immer zahlt das Volk. Sogenannte Investoren und kapitalkräftige Gruppen freuen sich über die Schnäppchen, die sie auf unsere Kosten an Land gezogen haben.

Einige Beobachter sprechen angesichts der vorherrschenden Macht der Finanzwirtschaft und eines Klüngels in der Oberschicht von der Einführung feudaler Verhältnisse. Selbst wenn man diesen Begriff nicht gebrauchen will, muss man leider feststellen: Das Volk, die Arbeitnehmerschaft und die kleinen Selbständigen und Unternehmer haben nicht mehr viel zu sagen. Sie dürfen natürlich wählen, aber immer mehr verzichten sogar darauf. Erhebungen haben ergeben, dass sich viele am unteren Rand unserer Gesellschaft schon von der politischen Beteiligung verabschiedet haben.

Brandt war ein Hoffnungsträger auch für diese Menschen. Für die Arbeitnehmerschaft und das gut ausgebildete und halbwegs kritische Bürgertum war er das ohnehin. Er hatte als Kind und Jugendlicher erlebt, wie bitter der Ausschluss der Arbeiterklasse aus der Gesellschaft für die betroffenen Familien ist. Und er hat in Skandinavien gemerkt, wie gut Demokratie funktionieren kann und was sie bewirkt.

Auch schon in seiner Zeit als Bundeskanzler gab es den Versuch eines Anschlags der wirtschaftlich Mächtigen auf den Willen des Volkes. Brandt hatte 1969 die

Bild
17. November 1972

Mehrheit für eine sozialliberale Koalition hinter sich gebracht. Die hinter der Union steckenden Wirtschaftskräfte, die zwanzig Jahre lang die Kanzlerschaft der Union genossen hatten, wollten den Betriebsunfall von 1969 korrigieren. Das sollte mit der Abwerbung von Abgeordneten bewerkstelligt werden und anschließend mit großen Anzeigenkampagnen, die in diesem Buch schon beschrieben wurden.

Die erfolgreiche Gegenkampagne war vermutlich nur mit einer Person wie Willy Brandt möglich gewesen. Er war sensibel für die Machenschaften jener Oberschichten, die die Demokratie als Herrschaft des Volkes innerlich nicht akzeptiert hatten. Willy Brandt stand nicht stramm vor den Inhabern großer Finanzmittel. Er hat sie nicht bewundert, wie das bei vielen Politikerinnen und Politikern üblich ist. Deshalb war es für Brandt kein Problem, den massiven Angriff auf die vom Volk Gewählten zum Thema zu machen und zu kontern. Helmut Schmidt hat die zentrale Bedeutung dieser demokratischen Selbstbehauptung seiner Partei nicht gesehen. Er hat mir später, als ich für ihn arbeitete, offen gesagt, ich hätte mit meiner Empfehlung an Brandt, die SPD solle sich wehren, das Verhältnis der SPD zur Wirtschaft ramponiert. Ich teile diese Einschätzung bis heute auch deshalb nicht, weil gerade Rechtskonservative mit viel Geld keinen Respekt und keine Achtung vor Politikern haben, die sich so etwas gefallen lassen wie jene massive Intervention im Sommer und Herbst 1972.

Heute bräuchten wir dringend Politiker, die den winzigen Rest von Macht, die die Mehrheit des Volkes durch ihre Stimme bei Wahlen hat, verteidigen, zurückholen und ausbauen. Und unsere Demokratie braucht viele wache Mitbürgerinnen und Mitbürger, die die Aushöhlung der demokratischen Willensbildung zu ihrem Thema machen.

Brandts Partei, die SPD, hat die damaligen Erfahrungen nicht beherzigt, obwohl heute die Lage ähnlich ist. Heute werden offen, wenn auch nach der Wahl, große Beträge über den Tisch geschoben. So wurde im Oktober 2013 ruchbar, dass die CDU alleine von den Eignern von BMW 690 000 Euro bekommen hat.

Und was tun Sie, um dem Spruch gerecht zu werden, den die ehemaligen Bürger der DDR bei ihren Protesten skandierten: »Wir sind das Volk«? Das Volk ist der Souverän. Wenn das stimmen soll, dann brauchen wir gelegentlich mal wieder Politiker vom Schlage eines Willy Brandt.

Solidarität statt Egoismus

Wie viel Solidarität, Gerechtigkeit und Sozialstaatlichkeit verträgt eine Gesellschaft und eine Volkswirtschaft? Diese Frage prägt oft unausgesprochen die politische Debatte. Sie dominierte den Streit innerhalb der CDU und CSU, wie vor allem auch jenen innerhalb der SPD in der Regierungszeit Willy Brandts und unmittelbar danach. Dieser Streit hat unterschwellig die Spannungen zwischen Willy Brandt und der Rechten in der SPD beherrscht. Außerdem lässt sich gerade an dieser Frage der Richtungswechsel bis heute festmachen.

Dass das Eigeninteresse und die Sorge um die eigene wirtschaftliche Existenz und die der Familie viele Menschen umtreibt und ein wichtiges Motiv ihres Schaffens ist, hat Willy Brandt gesehen. Aber er hielt Egoismus alleine nicht für die geeignete Richtschnur zur Gestaltung einer Gesellschaft. Solidarität, sozialstaatliche Regelungen und die öffentliche Verantwortung für die Daseinsvorsorge, für Bildung, für Infrastruktur und für die Kontrolle ausufernder wirtschaftlicher Macht müssen hinzukommen. Einen wichtigen Aspekt könnte man mit einer schönen Formulierung von Helmut Schmidt beschreiben: »Soziale Sicherheit ist das Vermögen der kleinen Leute.« Dahinter steckt die Erkenntnis, dass es Chancengleichheit nicht gibt und auch nicht geben wird und dass deshalb vermutlich die Mehrheit der Menschen auf Systeme der sozialen Sicherung und der öffentlichen Daseinsvorsorge angewiesen sind. Willy Brandt hat in einer Rede am 12. Oktober 1972[31] darum geworben, seine Mitbürgerinnen und Mitbürger möchten doch bitte begreifen, wie wichtig Mitdenken, Mitleiden, Mitfühlen sind. Er gebrauchte dabei das englische Wort Compassion.

Heute, nach gut vierzig Jahren Indoktrination durch neoliberale Professoren und Ideologen, sehen wir, wo eine solche Gesellschaft landet. »Jeder ist seines Glückes Schmied« ist keine zukunftsträchtige Parole und Richtschnur. Es ist schlicht die Unwahrheit. Nicht jeder kann seines Glückes Schmied sein. Ohne Solidarität, ohne Zuwendung von und zu anderen kommt eine Gesellschaft auf den Hund. Die SPD übrigens auch. Ihre Halbierung von 45,8 Prozent Wählerzustimmung im Jahr 1972 auf 23 Prozent im Jahr 2009 lässt sich auch am Wankelmut ihrer Führungen und am Ruin ihrer politischen Philosophie festmachen.

Dazu gibt es ein kleines bezeichnendes Detail: den Positionswechsel in Bezug auf die öffentliche Verantwortung und den finanziellen Spielraum des Staates auf allen Ebenen. 1970 hatte die SPD die sogenannte Langzeitkommission unter dem Vorsitz des Stellvertretenden Vorsitzenden Helmut Schmidt eingesetzt. Die Kommission sollte einen Orientierungsrahmen für die gesellschaftliche und wirtschaftliche Entwicklung erarbeiten. Am 9. Mai 1972 übersandte Helmut Schmidt die ersten druckfrischen Fahnenabzüge des Entwurfs an den Parteivorstand der SPD. Helmut Schmidt hatte einen der Kerngedanken schon im November 1971 formuliert. Unter der Überschrift »Im Mittelpunkt des politischen Interesses: der öffentliche Korridor« heißt es dort:

»Der ›öffentliche Korridor‹ zwischen dem Hauptbereich des privaten Konsums einerseits und dem Hauptbereich der privaten Investitionen andererseits muss stetig wachsen, wenn der Staat mehr leisten soll als bisher – sei es in Gestalt von Kindertagesstätten, Gesamtschulen, Vorsorgeuntersuchungen oder öffentlichen Nahverkehrsunternehmen. Natürlich besteht auch der öffentliche Korridor seinerseits aus Verbrauch und Investition; solange Lehrer und Krankenschwestern nicht durch wartungsfreie Computer ersetzbar sind, muss bei zunehmendem Trend zum Dienstleistungsstaat sogar ein relativ stark wachsender Staatsverbrauch angenommen werden – und nicht nur wachsende Staatsinvestitionen. Es ist

leicht einzusehen, dass jede auf längere Sicht berechnete Analyse
der Notwendigkeiten gesellschaftlicher und staatlicher Reformen
jedenfalls zur Forderung gelangt, den Staat finanziell und auch
hinsichtlich der von ihm beschäftigten Arbeitskräfte zunehmend
stärker auszustatten. Die Konsequenzen für die Steuerpolitik sind
evident und unausweichlich.«

Das war damals angesichts der vernachlässigten öffentlichen
Aufgaben für Bildung und für Forschung, für Umweltschutz,
für die Wasserversorgung und für die Infrastruktur insgesamt
eine durchaus einsichtige Festlegung. Aber dann begann
schon 1973 eine massive Kampagne der konservativen Kreise
und der Union gegen die Steuerbelastung allgemein und insbesondere gegen die hohen Abzüge. Hauptzielgruppe dieser
Kampagne waren die Arbeitnehmer. Es ging dann mehrere
Jahre hin und her. Aber diese Kampagne hat am Ende der
SPD den Schneid abgekauft. Sie bekannte nicht mehr mutig
und öffentlich, dass die öffentliche Verantwortung für die Daseinsvorsorge und die soziale Sicherung wichtig sind. Nicht
nur aus Gründen der Gerechtigkeit, sondern auch um der Ef-
fizienz willen. Wo man damit landet, sehen wir heute überall:
Teile der Infrastruktur sind in einem beklagenswerten Zustand, es sind Bereiche öffentlicher Verantwortung privatisiert worden, die man nach den Erkenntnissen der früheren
Philosophie von der Öffnung des öffentlichen Korridors nie
hätte akzeptieren dürfen.

Nach Brandts Philosophie und Gesellschaftsauffassung war
das keine gerechte und auch keine vernünftige Entwicklung.
Heute suchen wir nach einer Person oder einer Gruppe von
Personen, die das wieder verstehen.

Der Integrator

Willy Brandt wollte nicht nur nach außen versöhnen, er wollte auch im Inneren zusammenführen. Vor allem tat er Einiges dafür, die protestierende Jugend wieder in das »offizielle« politische Leben zu integrieren. Dafür steht die gleich nach der Wahl zum Bundeskanzler in Gang gesetzte Gesetzgebung zur Amnestie für Demonstrationsvergehen. Brandt musste viele Auseinandersetzungen über sich ergehen lassen – innerhalb seiner Partei und mit der Union –, um diese Integrationsarbeit zu erklären und abzusichern.

Seine Fähigkeit, Brücken zu schlagen, zeigte sich auch im Umgang mit dem Koalitionspartner und dessen besonderer Klientel – den Bauern, den Selbstständigen und dem liberalen Bürgertum. Wie beschrieben, hat der damalige Kanzler auch deren Nöte im Blick gehabt. Bundeskanzler Willy Brandt war kein Klassenkämpfer, jedenfalls nicht im Umgang mit Menschen jenseits der Arbeitnehmerschaft, die auch der Solidarität bedurften.

Die prägende Kraft des guten Vorbildes

Wie es in einem Land zugeht, hängt auch davon ab, was seine Spitze ausstrahlt. Im Deutschland des Willy Brandt konnten sich die Freundlichen, die Sanften zuhause fühlen. Die Nur-noch-Geldmacher, die mit den dicken Karossen, die »Freie Fahrt für freie Bürger« hupenden ADAC-Agitatoren waren nicht hoffähig. Sie haben erst 1982 mit dem Wechsel von Schmidt zu Kohl wieder richtig Oberwasser bekommen. Damals auch mit ihrer Kampagne gegen Geschwindigkeitsbegrenzung und ihrer Klage gegen angeblich zu hohe Löhne.

In allen Bereichen einer Gesellschaft, in den Familien, in den Schulen, in den Betrieben, macht es den gewissen kleinen

Unterschied, welche Musik oben spielt. Heute herrscht eine andere Kultur als damals, so formulierte es Norbert Blüm im Gespräch mit mir.

»Jeder ist seines Glückes Schmied« und »Freie Fahrt für freie Bürger« – Sprüche, die 1980 und danach die Wegweisungen waren, prägten anders als Willy Brandts Kniefall oder »Wir wollen ein Volk der guten Nachbarn sein«. Sich in die Lage des anderen versetzen zu wollen und dies dann auch zu können, ist eben etwas anderes als Konfrontation, Rechthaberei und Konformität.

Mitmenschlichkeit, gute Nachbarschaft, sich in die Lage anderer versetzen und verstehen, sich versöhnen – alles zusammen waren Elemente eines anderen Geistes und einer anderen Kultur. Die geistig-moralische Erneuerung, die Helmut Kohl später propagierte und leider nicht bewirkte, hatte sein Vorvorgänger Willy Brandt zuvor schon eingeläutet. Warum soll das nicht wiederholbar sein?

Anmerkungen

1. Hier der Text http://www.willy-brandt.org/willy-brandt/bedeutende-reden.html und hier ein Auszug aus der Regierungserklärung http://www.youtube.com/watch?v=w0otNPt50uY als Audio.
2. Typisch für die Verbreitung solcher Parolen ist eine Passage im Buch von Peter Merseburger: »Kritiker nennen, was er als Arbeitsprogramm seines ersten Kabinetts verkündet, einen Versandhauskatalog, ein ganzes Füllhorn von Versprechen habe er über dem Wahlvolk ausgeschüttet … .« – Die zitierten Kritiker werden nicht genannt. Jagdgesellen ohne offenes Visier.
3. Dazu – weil es so lange her ist – ein Bericht aus *Die Zeit* vom 31. Oktober 1969 http://www.zeit.de/1969/44/amnestie-fuer-demonstranten
4. Hanns Erich Köhler hat die Karikatur »Die Unterschrift des Jahres« 1970 veröffentlicht. Sie ist dem Buch von Helmut G. Schmidt *Willy Brandt – Man hat sich bemüht* entnommen.
5. Genauer sollte man den Vorgang so beschreiben: Hamburg hatte bereits eine besondere Regelung erlassen, weitere Bundesländer wollten folgen. Um eine Zersplitterung des Beamtenrechts zu vermeiden, einigten sich Bundesregierung und Bundesländer auf diesen Erlass. Willy Brandt hat seine Zustimmung später bedauert. Zum Bedauern gab es wirklich gute Gründe, weil viele davon Betroffene unter der Überprüfungspraxis sehr gelitten haben.
6. Willy Brandt zum Neid in den Reihen der Sozialdemokratie in seinen *Erinnerungen*, Seite 304: »… die Zahl der Mitglieder hatte sich von 650.000 auf eine runde Million hinaufbewegt. Ich wusste, dass man solche Zahlen nicht überbewerten darf. Und musste doch lernen, dass es auch in den eigenen Reihen Leute gibt, die länger andauernden sowie durchschlagenden Erfolg übel nehmen und kaum verzeihen. Oder sollte ich sagen: gerade in den eigenen Reihen? Der deutschen Sozialdemokratie ist eine Tradition angeboren, in der der Misserfolg moralisch in Ordnung geht und der Maßstab des Erfolges einen anrüchigen Beigeschmack hat.«
7. Der Titel des Wahlprogramms lautete dann dementsprechend »Mit Willy Brandt für Frieden, Sicherheit und eine bessere Qualität des Lebens«.
8. Peter Merseburger, Seiten 649 f. Das Treffen gilt übrigens auch als eine Art Initialzündung für den sogenannten Seeheimer Kreis. So sehen es auch Repräsentanten dieses rechten Flügels der SPD. Siehe dazu Johannes Kahrs und Sandra Viehbeck (Herausgeber): *In der Mitte der Partei. Gründung, Geschichte und Wirken des Seeheimer Kreises,* Berlin, Die Seeheimer e.V. 2005.

9. Gunter Hofmann: *Willy Brandt und Helmut Schmidt, Geschichte einer schwierigen Freundschaft,* München 2012, Seite 155
10. Gunter Hofmann, Seite 154
11. Siehe zum Beispiel bei Hans-Joachim Noack, Seiten 244 f.
12. *Die Zeit* Nr. 47, 14.11.2013, Seite 15
13. Willy Brandt: *Erinnerungen.* Seite 306
14. Ebd.
15. Peter Brandt: *Mit anderen Augen. Versuch über den Politiker und Privatmann Willy Brandt,* Bonn 2013, Seite 235
16. Zitat Egon Bahr: *»Das musst Du erzählen«,* Seite 69: »Brandt fieberte dem Ende der Großen Koalition entgegen. Wehner und Schmidt fühlten sich mit ihr deutlich wohler. Noch vierzig Jahre später gibt es Stimmen, die behaupten, dass eine Fortsetzung damals eine Alternative gewesen wäre. Ich sage: Dann hätte es keine Entspannungspolitik und vielleicht keine Einheit gegeben.«
17. Egon Bahr: *Das musst du erzählen. Erinnerungen an Willy Brandt,* Berlin 2013
18. Hans-Jürgen Wischnewski: *Mit Leidenschaft und Augenmaß,* München 1989, Seite 73
19. Willy Brandt: *Erinnerungen,* Seite 327 f.
20. Gunter Hofmann: *Willy Brandt und Helmut Schmidt,* Seite 127 f.
21. Hermann Schreiber: *Kanzlersturz. Warum Willy Brandt zurücktrat,* München 2003, Seite 52
22. *Der Spiegel* 34/2013
23. Nach Umfragen erreichten die politischen Konkurrenten von Willy Brandt, die CDU/CSU, beim Start Mitte September den Spitzenwert von 51 Prozent.
24. Willy Brandt, »*... wir sind nicht zu Helden geboren«* – *Ein Gespräch über Deutschland mit Birgit Kraatz,* Zürich 1986
25. Dazu Peter Merseburger auf Seite 631 f. seines Buches über Willy Brandt: »Die These vom ›Teilkanzler‹, von dem die ›Hinwendung zur Innenpolitik‹ nicht mehr zu erwarten sei, macht die Runde – in die Welt gesetzt hat sie Günter Gaus Mitte Februar 1971 im *Spiegel,* als er einen Superminister für Konjunktur und Finanzen forderte.«
26. Das Umweltbundesamt in einer Pressemitteilung 2011: »Willy Brandts Forderung während seiner Rede am 28. April 1961 ... kann zu Recht als der Beginn umweltpolitischen Denkens in Deutschland gelten. Damit rückte Brandt – lange bevor es die Begriffe Umweltschutz oder Umweltpolitik gab – ein regionales und bis dahin vernachlässigtes Problem ins Blickfeld gesellschaftspolitischer Debatten. Er machte aufmerksam auf die Schattenseiten des deutschen Wirtschaftswunders ...
27. Horst Grabert: *Wehe, wenn du anders bist!,* Dößel 2003, Seite 148
28. Albrecht Müller, *Meinungsmache. Wie Wirtschaft, Politik und Medien uns das Denken abgewöhnen,* München 2009, Seiten 87 ff.
29. Noack, Seite 232
30. SPD-Jahrbuch 1970 –1972
31. http://www.nachdenkseiten.de/upload/pdf/121014_Willy_Brandt_Rede_721012.pdf

Literatur

Egon Bahr: »*Das musst du erzählen*«. Erinnerungen an Willy Brandt. Berlin 2013

Lars Brandt: *Andenken*. Hamburg 2013

Peter Brandt: *Mit anderen Augen. Versuch über den Politiker und Privatmann Willy Brandt*. Bonn 2013

Rut Brandt: *Freundesland. Erinnerungen*. Düsseldorf 1994

Willy Brandt: *Über den Tag hinaus*. Hamburg 1974

Willy Brandt: *Erinnerungen*. Frankfurt 1989

Willy Brandt: »*...wir sind nicht zu Helden geboren*« – *Ein Gespräch über Deutschland mit Birgit Kraatz*, Zürich 1986

Wibke Bruhns: *Nachrichtenzeit. Meine unfertigen Erinnerungen*. München 2012.

Horst Grabert: *Wehe, wenn du anders bist. Ein politischer Lebensweg für Deutschland*. Dößel 2003

Klaus Harpprecht: *Im Kanzleramt. Tagebuch der Jahre mit Willy Brandt*. 2000

Gunter Hofmann: *Willy Brandt und Helmut Schmidt. Geschichte einer schwierigen Freundschaft*. München 2012

Peter Merseburger: *Willy Brandt 1913–1992. Visionär und Realist*, Stuttgart/München 2002

Albrecht Müller: *Willy wählen 72. Siege kann man machen*. Annweiler 1997

Albrecht Müller: *Meinungsmache. Wie Wirtschaft, Politik und Medien uns das Denken abgewöhnen wollen*. München 2009

Hans-Joachim Noack: *Willy Brandt. Ein Leben, ein Jahrhundert*. Berlin 2013

Christoph Rang: *Ertl kam ständig zu spät und andere Kabinettstücke*. Bornheim-Merten 1986

Jörg Richter (Herausgeber): *Klassenkampf von oben oder Angstmacher von rechts. Dokumente und Analysen eines gescheiterten Wahlkampfes.* Hamburg 1973

Helmut G. Schmidt (Hg.): *Willy Brandt – Man hat sich bemüht*, 200 Karikaturen von 53 internationalen Künstlern, Burgsahr 2013

Gregor Schöllgen: *Willy Brandt. Die Biografie.* München 2001

Hermann Schreiber: *Kanzlersturz. Warum Willy Brandt zurücktrat.* München 2003

Reinhard Wilke: *Aufzeichnungen zum Terminkalender des Bundeskanzlers.* Band. I, 19. November 1972 bis 26. April 1973, und Band. II, 30. Juli 1973 bis Mai 1974. Nicht veröffentlicht. Ein Geschenk von Reinhard Wilke an den Arbeitskollegen und Autor. Veröffentlichte Version siehe folgender Titel:

Reinhard Wilke: *Meine Jahre mit Willy Brandt.* Stuttgart/Leipzig 2010

Dokumentation

Hier sind einige einschlägige Papiere und Dokumente wieder-
gegeben. Sie betreffen:

1. die Planung des Wahlkampfes 1972 und
2. den Putschversuch des Großen Geldes mit unzähligen anonymen Anzeigen

1. Die Planung des Wahlkampfes 1972

Grundlage der Wahlkampfplanung der SPD war das sogenannte Drehbuch. Dieses wurde am 21. Juni 1972 an die damalige Spitze der SPD verschickt. Am 8. Juli hat Willy Brandt dieses Papier mit mir in einer Nachmittagssitzung in seinem Haus
am Bonner Kiefernweg durchgesprochen. Das Ergebnis dieses
Gesprächs habe ich in einer Notiz für den damaligen Bundesgeschäftsführer Holger Börner festgehalten.

Das Deckblatt des Drehbuchs und die Protokollnotiz sind
hier dokumentiert.

Vorbemerkung :

Die folgende Analyse und die Vorschläge beruhen
auf der Annahme, daß die Wahlen im Spätherbst
1972 stattfinden. Am Ende einiger Abschnitte dieses Papiersffinden sich Anmerkungen für den Fall,
daß im Sommer oder Herbst 1973 gewählt wird.

Es handelt sich hier um ein Papier, das notwendige Grundentscheidungen erleichtern soll. Außerdem sollte aufgrund dieser Unterlagen eine Auswahl von Kampagnen möglich sein. Die Liste der
vorgeschlagenen Kampagnen und Projekte ist sicher
zu lang. Es ist aber auch selbstverständlich nicht
ausgeschlossen, daß im Laufe der kommenden Beratungen zusätzliche gute Vorschläge unterbreitet
werden.

Abteilung Öffentlichkeitsarbeit
21. Juni 1972

- Öffentlichkeitsarbeit -

Bonn, den 10. Juli 1972 - AM/J

V e r m e r k für
Holger Börner   Vertraulich
_____

Betreff: Besprechung bei Willy Brandt am 8.7. 1972

Die folgenden wichtigen Punkte sind besprochen
worden. Hier handelt es sich um eine unsystema-
tische, schnell diktierte Aufstellung:

1. Plakate der Spitzenpolitiker

WB möchte, daß von allen Spitzenpolitikern
(Minister, Landeslistenführer, Fraktion (?))
Plakate angefertigt werden. Diese sollen wie
1969 zur freien Disposition angeboten werden
(Wettbewerbssystem).

2. Willy-Brandt-Wahlkampf

WB hat unseren Vorschlag in VI/19 eindeutig so
interpretiert, daß er vergleichsweise wenig im
Lande herumreisen soll. Ich habe dies noch einmal begründet (regieren, ausgeruht sein für
Fernsehspots etc.). Wir waren uns auch im klaren,
daß man die Partei dann anders befriedigen muß.

-2-

Er schlug vor: Es wird eine publizistische
und organisatorische Klammer für seine Kampagne hergestellt. Folgender Art: Er trifft
mit jedem Direktkandidaten der SPD während
der Wahlkampfagne zusammen. Das heißt nicht,
daß er in jedem Wahlkreis eine Veranstaltung
macht, dafür jedoch bei der Durchreise mit dem
Sonderzug ein Gespräch mit Photographen und
Presse oder ein Gespräch mit Honoratioren
oder ein Gespräch mit Betriebsräten etc.
Je nach Landstrich.

Zö: o.q.

3. Hauptthemen

In der Besprechung wurde von WB darauf hingewiesen,
daß unser Katalog ja noch zu umfangreich sei.
Ich wies darauf hin, daß wir dieses auch wüßten
und schon in der Zwischenzeit eine Konzentration
versucht hätten. Herausgekommen sei Thema Umwelt-
schutz/Lebensqualität. Begründung:

- Hohe Priorität
- Verbindung mit Gesundheitsproblematik möglich
  (ebenfalls hohe Priorität)
- Verbindung mit Steuerreform, Langzeitprogramm,
  überhaupt mehr Geld für öffentliche Leistungen
  möglich
- Es fällt uns licht, uns von der CDU/CSU abzusetzen.
- Prioritätsrecht von 1961 bzw. 1960. Hannover-
  rede WB.

Heute früh rief mich WB an. Er habe darüber nachgedacht und sei auch der Meinung, daß dieses Thema
trage.

-3-

Davon unberührt bleibt, daß die Leistungen im Bereich der Rentenreform, das BVG und vieles mehr
auch eingesetzt werden.

Im Zusammenhang mit Umweltschutz wies WB noch auf
folgendes hin:

- Seine Lindauer Rede
- Wir müssen Hoffnung mit dem Thema verbinden. Bei
  Stockholm gibt es einen See, der überraschend
  schnell wieder gereinigt war, obwohl er umgekippt
  war.
- Er muß seine Reden und Redetermine auf dieses Thema
  abstellen. Ich habe versprochen, mit Wilcke darüber
  zu reden.
- Wir brauchen eine Passage, die in allen allgemeinen
  Reden auftaucht.
- Auch mit Ehmke reden.

4. Vorbereitung Vertrauensvotum

WB war damit einverstanden, daß wir das Thema vorbereiten. Wir haben über Formulierungen und Möglichkeiten
seinerseits gesprochen. Ich habe vorgeschlagen, den
Zeitraum der Vertrauensfrage für eine massive Leistungsbilanz zu nutzen, damit der Geruch des Ge-
scheitertseins abgelockt wird. WB war damit einverstanden.

5. Regierungsprogramm

WB wies darauf hin, daß das Regierungsprogramm holz-
schnittartig sein muß. Das wird schwierig sein.
Schwierig wird es auch, neue große Programmthesen
zu finden.

-4-

6. Schumacher-Gedenktag und Sozialismus-Rede

Es gab eine lange Diskussion darüber, ob Schumacher-
Gedenktag der richtige Anlaß für eine Rede WBs
zum Thema demokratischer Sozialismus sein sollte.
Dabei wollte WB wissen, welches Image Schumacher
bei der jüngeren Generation hat. Ich berichtete
von der Diskussion bei der Press@lage, wo Bahr
zusammen mit der Mehrheit gegen Ehmke die Meinung
vertreten hat, daß Schumacher insgesamt außerhalb
der engeren Sozialdemokratie kein gutes Image
habe (gegen Marktwirtschaft, harte Attacken, Nein-
Sager). Ein gutes Image in Sachen Abgrenzung zum
Kommunismus, dafür sollte man den Gedenktag nützen.

Die Rede WBs zum demokratischen Sozi@@@ismus sollte
bei anderer Gelegenheit gehalten werden. Z.B. vor
Mittel-Management. Dafür sollte ein@ Termin gesucht
werden.

7. TV-Konfrontation mit Barzel?

WB wies darauf hin, daß er unter der Bedingung darauf
eingehen wolle, daß mehrere Sendungen zu abgegrenzten
Themata zur Verfügung stehen. Damit Barzel nicht
durcheinanderreden kann.

Ich habe die weitere Bedingung ins Gespräch gebracht,
nicht Barzel/Brandt allein, auch die beiden anderen
Parteivorsitzenden. Begründung in der Öffentlichkeit
von seiten der SPD: Wir sind loyal zu unserem Koalitionspartner (in Gegensatz zur CDU/CSU).

Außerdem ist Herr Barzel ja gar nicht der richtige
Macher, sondern Strauß.

-5-

Es wurde unverbindlich vereinbart, daß die Partei
dieses rausspielt. Holger Börner sollte klären,
wann und wie er das tun kann.

8. Geld gegen Argumente

WB war mit der groben Linie einer solchen Strategie
einverstanden.

9. Laufende Informations-Kleinanzeigen in Boulevard-
   Zeitungen

WB ist dafür. Ich wies noch darauf hin, daß wir
notfalls auf normale Tageszeitungen ausweichen
könnten.

10. Fernseh-Spots

Ich stellte die Frage zur Debatte, wer in den Fernseh-Spots erscheinen soll,und wie das mit Herbert
Wehner sei.
WB bat darum, daß Holger Börner mit Herbert Wehner
über diese Frage reden soll, nach dem Motto:
WB sollte auf jeden Fall erscheinen. Wer soll
sonst noch?

Dazu noch folgende Information: WB war der Meinung,
daß Herbert Wehner die Fernseh-Spots zwar mitplanen
will (was selbstverständlich ist), aber er selbst
nicht auftreten wolle. Leo Bauer war anderer Meinung.

11. Rollenverteilung

Meine Frage war: Wird Helmut Schmidt gegen Barzel
antreten? WB: Ja.

-6-

12. **Was wird Helmut Schmidt in der Wirtschafts-
    politik noch tun?**

    WB: Er wird Haushalte erarbeiten. Ansonsten wird
    er viel reden müssen. Zur Währungspolitik: Wir
    sind kein unbegrenzter Ablageplatz für Dollars.
    Zur Steuerreform. Zur Wettbewerbswirtschaft.

    Keine Mehrwertsteuererhöhung ohne Regelung des
    Kindergeldes.

    In der Wirtschaftspolitik können wir die Linie
    weiterverfolgen, die im Zusammenhang mit der
    INFRATEST-Präsentation diskutiert worden ist.
    Also die Linie der bisherigen Öffentlichkeits-
    arbeit.

2. Der Putschversuch des Großen Geldes mit unzähligen anonymen Anzeigen

In den Wahlkampf des Jahres 1972 griffen Personen und Gruppen, die über viel Geld verfügten, mit einer großen Zahl von Anzeigen ein. Insgesamt wurden circa hundert Anzeigen geschaltet. Einige dieser Anzeigen sind im Text und hier im Anhang dokumentiert.

Die Texte und die verwendeten grafischen Elemente waren aggressiv, teilweise ehrverletzend und beleidigend. Sie hätten Willy Brandts Wahlchancen sehr gefährlich werden können, wenn er nicht entschieden hätte, dass der Putschversuch offensiv gekontert wird. Dieser Konter hatte die bemerkenswerte Wirkung, dass sich im Laufe des Wahlkampfes die Anzeigen gegen die Urheber und die von ihnen favorisierten Parteien wendeten.

Nach Abschluss der Arbeiten an diesem Buch werde ich eine Zusammenstellung aller erreichbaren Anzeigen des Großen Geldes ins Netz stellen. Wenn das Buch erschienen ist, wird auch diese Datei verfügbar sein.

Wenn Sie sich dafür interessieren, dann schauen Sie bitte in die Internetseite www.NachDenkSeiten.de und geben in der Suchfunktion ein: Putschversuch72. Sie werden staunen, was für ein Panorama an Hetze und politischer Unkultur sich vor Ihnen ausbreitet. In der Geschichtsschreibung wird dieser Vorgang kaum beschrieben.

3 Jahre Brand(t) sind genug!

Die Geldentwertung gefährdet unser aller Zukunft.

Die harte DM wird von Monat zu Monat weicher. Die Inflation läuft. Die Programme platzen. Immer mehr Verantwortliche legen die Verantwortung nieder. So kann es nicht weitergehen.

Versprochen wurde: Steuersenkung.

Eingetreten ist: Steuererhöhung.

Versprochen wurde: Preisstabilität!

Eingetreten ist: die höchsten Preissteigerungsraten seit 20 Jahren.

Versprochen wurde: Vermögensbildung für alle!

Eingetreten ist: stärkste Verminderung der Ersparnisse seit Bestehen der Bundesrepublik.

3 Jahre SPD reichen doch nun wirklich.

Es ist höchste Zeit, die Staatsfinanzen wieder in Ordnung zu bringen, die Inflation zu stoppen, die Zukunft zu sichern.

Wir gaben Willy Brandt eine Chance, urteilen Sie selbst. Wählen Sie deshalb CDU!

Wählerinitiative der Realisten

Lieber

Rainer Barzel

als

Reiner Korn Brandt

Aktion NÜCHTERNE BÜRGER

In der Gesellschaft
für konstruktive Politik,
6792 Asbach/Odenwald, Postfach 1

Das war echte Friedenspolitik!

Schon Konrad Adenauer

machte Friedenspolitik — aber echte und gute! Er versöhnte uns mit Frankreich und holte die Kriegsgefangenen aus Rußland zurück — ohne Gegenleistungen!

Das waren Friedenstaten!

Und Brandt? Seine Ostpolitik ist das Ergebnis kommunistischer Beharrlichkeit. Der Gewinner ist der Osten. Deshalb lobt man dort den Genossen Brandt so sehr.

Die SPD benützt das Wort „Frieden" jetzt ebensooft wie die Propagandisten im Osten. Die Sprache gleicht sich an. Fragen Sie Dubcek, was er vom „Frieden à la Kreml" hält.

Adenauer ließ sich nicht verschaukeln — und auch Barzel wird konsequent unsere Interessen wahren. Er wird nichts verschenken.

Deshalb wählen wir Parteilosen jetzt nur die **CSU!**

PARTEILOSE WÄHLERINITIATIVE H. Schmidt, 85 Nürnberg 34, Semmelweisstr. 2 b

2-3 a 4

Süddeutsche Zeitung
13. 11. 1972

SPD Spiegel

Wo bleibt die Antwort unseres Bundeskanzlers Willy Brandt?

HAT ER NUN GEKÄMPFT ODER NICHT?

Es ist bekannt und auch nicht bestritten, daß der derzeitige Bonner Bundeskanzler Willy Brandt im Jahre 1945 in norwegischer Uniform nach Deutschland kam, in dieser Uniform bei den Verhandlungen des Sorgerichtstags in Nürnberg bei diesen Siegern saß und auch eine geraume Zeit verstreichen ließ, bis er sich wieder um die deutsche Staatsangehörigkeit bewarb. Aber heftig bestritten wurde immer von Brandt selbst und denen, die für ihn sprechen, daß er in Norwegen auf die Deutschen geschossen, die beißt auf den Norweger gegen die Deutschen gekämpft habe. Nun erklärt aber, wie wir etwas verspätet erfahren, die Frau Anne Lismau, eine alte bekannte Brandts, als sie ihm in Oslo den Nobelpreis überreichte, wörtlich von ihm:

»... Er hat auf norwegischer Seite gekämpft, wollte wir Bon Dank schulden.«

Die Frage ist nun, ob Brandt selbst in Oslo auf dem Belognung in seiner Antwort nicht einging: hat er während des Krieges in Norwegen gegen die Deutschen gekämpft oder nicht gekämpft? – "Neue Ordnung", Nr. 2/72

Die Politik, die Willy Brandt als Bundesaußenminister und als Bundeskanzler immer offener betrieb, war eine Politik gegen die Lebensinteressen und gegen das Lebensrecht des deutschen Volkes. So ist auch Brandts Hauptwerk zu verstehen: »Forbrytere og andre Tyskere« (=Verbrecher und andere Deutsche«), erschienen 1946 im Osloer Aschehoug-Verlag.

Die Teilung soll besiegelt werden

1969 versprach Bundeskanzler Brandt, die »DDR« nicht anzuerkennen. Der Grundvertrag, der heute – angesichts der bevorstehenden Neuwahlen in verwichtigter Eile – paraphiert wird, zeigt diesem Kanzlerwort juristisch nicht widersprechen, im politischen Alltag aber kommt er der Anerkennung gleich und besiegelt damit die Teilung unseres Landes und unseres Volkes.

So sieht es nicht nur die »andere Seite«, wie die Regierung neuerdings das kommunistische Regime jenseits der Mauer nennt. So sehen es auch unsere Freunde im Westen.

Der »France-Soire«, größte Zeitung Frankreichs, schreibt: »102 Jahre nach der Ausrufung des ersten Kaiserreiches ist Versailles erkennen die Deutschen die Teilung ihres Landes in zwei Staaten an.

»Gezeichnet vom Zwiebelt seiner Zeit«

Sozialist, Anarchist, Kommunist, Komintern-Agent, Sowjet-Spion, Atheist, Protestant, Renegat, Verräter — das sind nur einige Stationen im Leben von Herbert Wehner, dem wohl mächtigsten Mann der SPD. Das nun in der 8. Auflage vorliegende Buch enthült den »wahren Wehner« nach authentischen Zeugenaussagen und eigenen handschriftlichen Notizen. Zum ersten Male nach 25 Jahren werden hier Geheimdokumente veröffentlicht, die Licht in das Dunkel von Wehners Lebenslauf bringen.

Wußten Sie

daß der Porno-Verlag Auerdruck GmbH in Hamburg der SPD gehört? Daß im Handelsregister vom Stand Januar 1970 als Gesellschafter eingetragen sind: Herbert Wehner, SPD-Vorsitzender, Hamburg, mit 2 Millionen DM; Alfred Nau, Schatzmeister der SPD, Bonn, mit 2 Millionen DM; Dr. Wilhelm Kröger, Hamburg, mit 800 000.— DM, Johannes Richter, Hamburg, mit 200 000.— DM; Stammkapital 5 Millionen DM.

daß die Auerdruck GmbH der SPD jede Woche eine Million Pornozeitungen und Bordellblätter, zwar die »St.-Pauli-Nachrichten«, »Bi mit Sex in« und die »SEX-Palette« druckt und damit Millionen verdient?

daß die Eigentums- und Vermögensbildung zur freien Verfügung in der Hand der Arbeitnehmer (wie sie die CDU-CSU fordert) von der Gewerkschaft und SPD abgelehnt wird? DGB und SPD verlangen hingegen, daß die Industriebetriebe jährlich ca. 5 Milliarden DM (5000 Millionen DM!) in einen DGB-Fond einzahlen sollen, deren Verwaltung und Verteilung dem DGB nach seinem Gutdünken überlassen bleibt. Davon bleibt dem Arbeitnehmer kein Pfennig!

Dr. Kurt Schumacher

»Nach dem deutschen Grundgesetz ist die Bundesrepublik gar nicht legitimiert, Gebietsabtretungen auf Deutschland vorzunehmen. Solle sie sich doch auf diesen Weg begeben, so würde sie damit dem Vorbild der Regierung der sogenannten Deutschen Demokratischen Republik in Pankow folgen, die sich angemaßt hat, die Gebiete östlich der Oder und Neiße preiszugeben. Nur das gesamte deutsche Volk kann eine verbindliche Zusage über seine Grenzen geben.«
Dr. Kurt Schumacher (SPD)
am 8. 8. 1952

Fritz Erler

»Auch und gerade für ein gutes Verhältnis zu unseren osteuropäischen Nachbarn ist Aufrichtigkeit erforderlich. Es darf kein Zweifel bestehen über unser Bekenntnis zum Recht auf die Heimat und zum ungeteilten Selbstbestimmungsrecht der Völker. Deutschland besteht völkerrechtlich in den Grenzen vom 31. Dezember 1937 fort. Es ist die Aufgabe jeder deutschen Regierung, bei Friedensverhandlungen – mit KurtSchumacher zu sprechen – zäh um jeden Quadratmeter deutschen Bodens zu ringen.«
am 24. 10. 1963 im Bundestag

Willy Brandt

Dr. Kurt Schumacher ist seit Jahren tot, Fritz Erler ist seit 7 Jahren tot. Aber Brandt, Wehner, Bahr holen und betreiben eine Politik zugunsten der Ziele der Sowjetunion, die von Kurt Schumacher und Fritz Erler leidenschaftlich bekämpft wurde.

Bonzen oder uneigennützige Arbeiterführer?

ARBEITSDIREKTOREN: Wo sie sind und was sie verdienen!

Name	Firma	Jahreseinkommen*	Beruf
Karl-Heinz Brian	Fried. Krupp Hüttenwerke AG Bochum	308 280	Wirtschaftsredakteur
Kurt Doese	August-Thyssen-Hütte AG Duisburg-Hamborn	363 071	Personaldirektor
Konrad Grundmann	Rheinische Braunkohlenwerke AG Köln	172 115	Textilarbeiter
Walter Höfkenkamp	Horsch AG Dortmund	270 410	Kaufmann
Heinz Kegel	Rohrkohle AG Essen	273 390	Elektriker
Peter Keller	Mannesmann AG Düsseldorf	339 458	Mechaniker
Waldemar Lumbrecht	Saarbergwerke AG Saarbrücken	162 459	Maschinenbauer
Willi Michels	Edelstahlwerk Witten AG Witten	126 233	Facharbeiter

* Quelle: Geschäftsberichte der obengenannten Firmen, Angaben in Mark.

daß die zurückgetretenen Minister Alex Möller, Karl Schiller, H. Leussink, sowie zwölf Staatssekretäre der Politiker der sozial-liberalen Brandt-Scheel-Regierung so wenig Gewissen nicht mehr verantworten konnten.

daß die paritätische Mitbestimmung auf allen Unternehmensebenen vom DGB so zu verstehen wird, daß nicht die im Betrieb beschäftigen Arbeitnehmer mitbestimmen, sondern betriebsfremden DGB-Funktionäre. Diese sollten die Betriebe kontrollieren, wofür sie auch noch hoch bezahlt werden. Der Arbeitnehmer hat nichts von der Mitbestimmung, die eigentlich ihm zustünde. Das CDU-Modell der Mitbestimmung sieht dagegen vor, daß jeder Arbeiter selbst die Möglichkeit einer Mitbestimmung in seinem Betrieb haben soll.

daß der sozialdemokratische Parteiführer August Bebel (1840-1913) forderte, daß ein hauptamtlich tätiger Genosse in den Verbänden und in der SPD nicht besser bezahlt sein dürfe als der bestbezahlteste Facharbeiter?

daß ein Arbeiter 8–18 Jahre arbeiten muß, um so viel Geld zu verdienen, wie ein Arbeitsdirektor oder Gewerkschaftsboß in einem Jahr in seine Tasche steckt?

daß der DGB-Chef Heinz Oskar Vetter neben 225 000 DM Gehalt noch 35 000 DM aus fünf Aufsichtsratsposten jährlich bezieht.

daß – anders ausgedrückt – 30 000 Gewerkschaftsmitglieder monatlich 7,50 DM aufbringen müssen, um ihrem DGB-Boß H. O. Vetter zu bezahlen.

daß sich die Gewerkschaften beharrlich weigern, ihren ca. 7 Millionen Mitgliedern jährlich öffentliche Rechenschaft über Einnahmen und Ausgaben und die Gehälter der Spitzenfunktionäre bekanntzugeben?

MACHT EUCH NICHT MITSCHULDIG AN DER AUSBEUTUNG DER KÜHE – TRINKT BÜCHSENMILCH !!

2-3a4

FREIHEIT WÄHLEN!

Noch zwei Tage bis zur Entscheidung um Deutschland.

Dies ist auch unser Land, Herr Brandt!

Dies ist auch unser Land, Herr Brandt! Deutschland ist kein sozialistisches Eigentum.

Wir sind hier geboren. Wir lieben dieses Land — unser Deutschland. Wir wollen es wieder vereinigt sehen. Sind wir deshalb weniger friedfertige Deutsche?

Wir haben den National-Sozialismus am eigenen Leibe erlebt. Haben den Krieg und die Hungerzeit im eigenen Land durchgestanden.

Sie und Wehner waren draußen. Wir kritisieren das nicht. Aber sind wir, die wir auch in schwerer Zeit in Deutschland geblieben sind, deshalb schlechtere Deutsche? Wir haben uns nie von unserem Land distanziert. Und nie ein Buch wie „Deutsche und andere Verbrecher" geschrieben.

Deutschland ist kein sozialistisches Eigentum. Kein Land, über dessen Zukunft die SPD selbstherrlich allein entscheiden darf.

Es ist auch unser Land, Herr Brandt!

Wir werden mitbestimmen, was mit Deutschland — w i r nennen es so und werden es immer so nennen — geschehen soll.

Sie nehmen Wahlgeschenke der Kommunisten aus dem Osten an. Menschen, seit Jahren eingesperrt oder als Geiseln zurückgehalten, dürfen plötzlich ausreisen.

Das sind nicht die menschlichen Erleichterungen, die wir unseren Landsleuten drüben wünschen. Solange noch auf Deutsche geschossen wird, können wir den Kommunisten drüben keine Hand zum Miteinander reichen. Sie wollen die freie Marktwirtschaft hinwegfegen. Die großen Betriebe sozialisieren. Die Hetzjagd auf Tüchtige und Erfolgreiche freigeben. Die freiheitliche Demokratie durch den Staats-Sozialismus der privilegierten Funktionäre ersetzen.

Das machen wir nicht mit, Herr Brandt!

Wir rufen zur Offensive der Demokratie auf. Sie ist waffenlos. Sie braucht keine Bomben, keine Steuer-Millionen im Wahlkampf, keine Mobilisierung der Instinkte, keine Drohungen gegen die wache Mehrheit des Volkes.

Unsere Waffen sind am 19. November unsere Stimmen.

Wir wählen Freiheit und nicht Sozialismus.

Wir wählen die Zukunft Deutschlands, so wie wir sie unserem Gewissen gegenüber verantworten können.

Unsere Entscheidung: CDU/CSU — auch die Zweitstimme

Wählerinitiative freiheitlich gesinnter Staatsbürger in der Vereinigung zur Förderung der politischen Willensbildung
874 Bad Neustadt/S., Postfach 1673

FREIHEIT WÄHLEN !

Noch 9 Tage bis zur Entscheidung um Deutschland

Der schwache Mann am Rhein

„Ein bißchen viel Kranke für eine einzige Partei", schrieb „minute", die französische Wochenzeitung. Gemeint war die SPD.

„Brandt reiste, trotz Warnungen seiner Ärzte, mit einer akuten Leberentzündung zu einer Konferenz nach Paris. Minister Schmidt leidet an krankhafter Überfunktion der Schilddrüse. Wehner ist schwer zuckerkrank", meldete „minute".

Regierungssprecher Ahlers beschwichtigte: Brandt sei nicht krank, stehe jedoch unter großem Streß. Schmidt müsse ständig Pillen schlukken, dürfe den Wahlkampf jedoch führen.

W. Brandt ist sicher ein guter, weichherziger Mann. Ein Gutgläubiger in der harten, mitleidlosen Welt der Politik.

Aber er ist ein führungsschwacher Kanzler, dem rund ein Dutzend Minister und Staatssekretäre nicht zuletzt deswegen davonliefen, weil sie seine Entscheidungsarmut und seine onkelhaften Begütigungen nicht mehr ertragen konnten.

Wir sind ein moderner Industriebetrieb. Wir brauchen politische Manager wie Barzel und Strauß. Harte Verhandler wie Schröder und Katzer. Einen internationalen Wirtschaftsexperten wie Narjes. Moderne Denker wie von Weizsäcker.

Brandt hat seinen politischen Lebensabend verdient. Deutschland muß frei werden für neue Männer der Tat und Führungskraft.

Für CDU und CSU

Wählerinitiative freiheitlich gesinnter Staatsbürger in der Vereinigung zur Förderung der politischen Willensbildung
874 Bad Neustadt/S., Postfach 1673

3a.4

Aktion
Kanzler-Test

Am Tag der Vertrauensfrage: Willy Brandt

Mit einem Feuerwerk von Versprechungen trat der neue Kanzler Brandt vor das deutsche Volk. Hoffnung, millionenfache Hoffnung!

Das war 1969. Was wurde in drei Brandt-Jahren tatsächlich erreicht? Urteilen Sie selbst. Machen Sie den aktuellen Kanzler-Test – kreuzen Sie an, was Brandt erfüllt hat und was nicht.

Im Vertrauenstest des Bundestages ist Brandt schon durchgefallen. Und bei Ihnen?

Es gibt nur eine Konsequenz: bei der Bundestagswahl nur CDU/CSU ankreuzen – es bleibt uns allen keine andere Wahl!

INITIATIVE MÜNDIGER BÜRGER
3 Hannover, Hildesheimer Str. 119

W. Brandt hat	erfüllt	nicht erfüllt
1. Maßnahmen gegen Preissteigerungen	○	○
2. Senkung der Steuern	○	○
3. Verhinderung des Linksradikalismus	○	○
4. Eindämmung der Gewaltverbrechen	○	○
5. Schutz der Sparer und Bausparer vor Geldentwertung	○	○
6. Mehr soziale Gerechtigkeit für Rentner	○	○
7. Solide Finanzpolitik der Regierung	○	○
8. Erfolgreiche Regierungsführung	○	○
9. Stabile und fähige Regierungsmannschaft	○	○
10. Freizügigkeit auch für die Deutschen jenseits der Mauer	○	○
11. Unterbindung des Rauschgifthandels	○	○
12. Mehr Vermögensbildung für Arbeitnehmer	○	○
Ziehen Sie Ihre politische Bilanz (Anzahl Kreuze)	.... erfüllt	.... nicht erfüllt

Der Kanzler der SPD/FDP-Regierung hat bei

12 erfüllten Punkten = gut regiert
5 - 11 erfüllten Punkten = enttäuscht
0 - 4 erfüllten Punkten = versagt

Totengräber einer Nation.

Wenn der Sozialismus kommt, geht der Wohlstand. In Chile hat der Sozialismus nur knappe 2 Jahre gebraucht, um das Land zu ruinieren. Der Staatsschatz, den Generationen erarbeitet hatten, ist weggewirtschaftet. Vor den Läden stehen Schlangen von Menschen, die auf Zuteilung von Lebensmitteln warten. Fleisch gibt es schon seit Monaten nicht mehr. Die Landeswährung treibt in die totale Inflation.

Der Sozialismus brachte ein Land an den Rand eines Bürgerkrieges. Auch bei uns sind radikale Sozialisten dabei, das sicherste und freieste Wirtschaftssystem der Welt zu vernichten: die Soziale Marktwirtschaft.

Wir alle müssen das verhindern. Denn der Sozialen Marktwirtschaft verdanken wir den Wohlstand und die Freiheit.

Kraft für den Fortschritt

SOZIALE MARKT-WIRTSCHAFT

Arbeitskreis Soziale Marktwirtschaft, 8 München 40, Tengstr. 45

Ist das der Frieden,

Herr Bundes-kanzler?

Zum ersten Mal in der deutschen Geschichte hat ein Kanzler zum Klassenkampf in Deutschland aufgerufen. Der Kanzler, der doch den Frieden will.

Brandt und seine SPD-Minister, durch Steuererleichterungen, Doppel-
bezüge, Staatspensionen und private Ferienhäuser selber privilegiert,
formierten auf dem Dortmunder Parteitag ihre Partei zum Klassenkampf.

Ist das der Frieden, den Sie meinen, Herr Bundeskanzler?

Klassenkampf, wie ihn die SPD-Führer und ihre Jusos fordern,
ist bis zur Gewaltandrohung aufgestachelter Sozialneid.
Klassenkampf unter einer SPD-Regierung ist staatlich sanktionierter Sozialkrieg
gegen Tüchtige und Bessergestellte.
Klassenkampf ist Achtung einer unbeliebsamen Gruppe. Ist Menschenverfolgung in
einem Land, das davon Schreckliches genug erlebt hat!

Ist das der Frieden, den Sie meinen, Herr Bundeskanzler?

„Wenn es zu Neuwahlen kommt, dann wird geholzt!" drohte Brandt schon
im März 1972. Gegen wen?
Haben wir nicht genug Tote, Verletzte und Leidtragende
durch Bomben und Schüsse erlebt?

Ist das der Frieden, den Sie meinen, Herr Bundeskanzler?

„Wir werden die Betriebe mobilisieren!" drohte Brandt, ebenfalls im März.
Gegen wen, Herr Bundeskanzler? Sollen, wie in der Weimarer Zeit, wieder
Arbeiter gegen Arbeiter marschieren?

Ist das der soziale Frieden, den Sie meinen, Herr Bundeskanzler?

Brandt will Frieden auch mit unseren östlichen Nachbarn. Mit Bolschewisten
und Kommunisten. Wer will das nicht?

Aber wir wollen auch Frieden im Innern. Am Arbeitsplatz. In den Betrieben. In der Familie. Auf den Straßen. An den Universitäten.

Wählt die Parteien, die statt Sozialkrieg die humane Leistungsgesellschaft proklamieren!

Am 19. November nur CDU/CSU- die SPD läßt uns diesmal keine andere Wahl!

Bürgerinitiative Aktion der Mitte, 53 Bonn, Neustraße 21

Danke vielmals

Für ein solches Buch braucht man Erinnerungshilfen und Erinnerungskontrollen. Einer Reihe von Freunden verdanke ich genau diese Unterstützung, anderen die Hilfe bei Recherchen, beim Ordnen der Gedanken und beim Korrigieren. Es sind alte und neue Weggefährten. Mein herzlicher Dank gilt Michael Bertram, Hans Bleibinhaus, Nils Johannisson, Gerarda Morgantini, Hermann Müller, Peter Munkelt, Axel Raulfs, Helmut G. Schmidt und Irene Wendel; Jens Berger und Wolfgang Lieb haben mich von der ständigen Arbeit für die NachDenkSeiten entlastet.

Verlag und Lektorat waren unglaublich schnell und effizient. Ein großer Dank gebührt Brigitte Baetz – und Rüdiger Grünhagen, Bernd Spamer und Markus J. Karsten vom Westend Verlag.

Zum Umschlagfoto und zum Fotografen

Das Foto auf dem Buchtitel hat Harry Walter aufgenommen. Er war der Chef der Werbeagentur ARE in Düsseldorf. Sie hat unter anderem den Wahlkampf der SPD von 1969 und 1972 betreut. Das Foto entstand während einer Wahlkampftour in Niederbayern, als Willy Brandt gerade aus dem Zug ausstieg und zum Empfang eine Blaskapelle spielte. Dass dieses das Wahlkampffoto wird und nur dieses eingesetzt wird, war Harry Walter und uns Verantwortlichen in Bonn sofort klar.

Ich verbinde diese Information zum Foto mit einem dicken Dank an Harry Walter für die Überlassung des Fotos und an die früheren Mitarbeiterinnen und Mitarbeiter der ARE. Sie kommen in den historischen Werken über Willy Brandt in der Regel nicht vor, obwohl Wahlkämpfe ohne ihre Arbeit und Zuarbeit gar nicht möglich wären. Entscheidende Ideen, Anstöße und ihre Umsetzung kamen bei beiden Wahlkämpfen, die ich intensiv verfolgt beziehungsweise verantwortet habe, von der Agentur.

Noch ein kleines Detail. Bei der Analyse der Gründe für den großen Wahlerfolg der SPD von 1972 kommt Harry Walter zu einem eindeutigen Ergebnis: Es waren die älteren Frauen, die weit über Durchschnitt für Willy Brandt votierten. Damit hat er sicher recht. Allerdings kann man aus meiner Sicht gute Wahlergebnisse von Volksparteien nur dann erklären, wenn man das im Text erwähnte »Scheibchenmodell« beachtet. Die älteren Frauen brachten eine dicke Scheibe auf die Waagschale.